영성,
하느님을 바라보다

영성, 하느님을 바라보다

2020년 1월 6일 교회 인가
2020년 6월 14일 초판 1쇄 펴냄
2024년 6월 14일 초판 3쇄 펴냄

지은이 · 윤주현
펴낸이 · 정순택
펴낸곳 · 가톨릭출판사
편집 겸 인쇄인 · 김대영
편집 · 김소정, 강서윤, 박다솜
디자인 · 강해인, 송현철, 이경숙, 정호진
마케팅 · 안효진, 황희진

본사 · 서울특별시 중구 중림로 27
등록 · 1958. 1. 16. 제2-314호
전자우편 · edit@catholicbook.kr
전화 · 1544-1886(대표 번호)
지로번호 · 3000997

ISBN 978-89-321-1704-1 03230

값 15,000원

ⓒ 윤주현, 2020.
성경 · 교회 문헌 ⓒ 한국천주교중앙협의회.

이 책은 저작권법에 의해 보호를 받는 저작물이므로 무단 전재와 무단 복제를 금합니다.

가톨릭의 모든 도서와 성물을 '**가톨릭출판사 인터넷쇼핑몰**'에서 만나 보실 수 있습니다.
http://www.catholicbook.kr | (02)6365-1888(구입 문의)

가톨릭 영성 학교

영성,
하느님을 바라보다

일상에서 발견하는 나의 영성

윤주현 지음

가톨릭출판사

들어가는 말

주님, 찬미와 영광 받으소서!

    지금으로부터 24년 전, 서울 신학 대학 학부를 마친 저는 로마에 '영성 신학' 석·박사 과정을 밟을 수 있는 유수의 대학원이 있다는 사실을 알게 되었습니다. 먼저 유학을 떠난 저희 수도회의 여러 선배 수사님들은 '테레시아눔 Teresianum'이라는 교황청립 대학원에서 영성에 대해 많은 공부를 하고 계셨습니다. 저는 가르멜 수도자로서 무엇보다 영성 생활이 중요하다고 생각했습니다. 영성 생활을 보다 깊이 있게 살아갈 때, 이 길을 통해 제 인생의 궁극적인 의미를 깨닫고 제 존재 의의를 실현할 수 있다고 생각한 것입니다.

수도 생활을 시작할 때부터 저의 화두는 늘 '영성'이었습니다. 특히 여느 수도회에 비해 보편 교회 차원에서 존경받는 탁월한 성인들, 예수의 데레사 성녀, 십자가의 요한 성인, 아기 예수의 데레사 성녀 같은 분들을 수도회 입회 초기부터 늘 곁에 두고 제 영성 생활의 안내자이자 스승으로 존경하며 자양분으로 삼았던 터라, 좀 더 보편적인 차원에서 '영성'에 대해, '영성의 원리'에 대해 깊이 있게 공부하고 싶은 원의가 컸습니다.

그런데 먼저 유학을 간 여러 선배 수사님들도 대부분 영성을 전공하고 있었습니다. 만일 저도 같은 분야를 공부한다면, 학업을 마치고 돌아와 사목 일선에서 신자들과 중복된 내용을 나누게 될 것이 염려되었습니다. 고민 끝에 저는 다른 전공을 선택하기로 결정했습니다. 그리하여 사제로서 학업적인 면과 사목적인 면을 고려해 선택한 분야가 '신학적 인간학'이었습니다. 이 분야는 제가 학자로서 '교의 신학'을 한국 교회에 심도 있게 소개할 수 있는 디딤돌이 되어 주었습니다.

그러나 석사 과정을 마무리 지을 무렵, 다시 한번 그간 억눌렸던 '영성'에 대한 갈증을 느꼈습니다. 교의 신학만으로는 뭔가 2% 부족하다는 느낌을 지울 수 없었습니다. 교의 신학에 생기를 불어넣어 주고 더욱 맛깔스럽게 하는 특별한 양념이 영성 신학에 있었기 때문입니다. 또한 여러 성인·성녀의 가르침을 성경과 교회 역사, 신학의 다양한 분야와의 관계 안에서 더욱 폭넓게 공부함으로써, 나 자신의 성화와 장차 사제로서 만나게 될 신자들의 영성 생활에 실질적인 도움을 줄 수 있는 핵심은 역시 '영성'이라는 결론에 이르렀습니다.

그때부터 영성 신학의 주요 과목을 듣기 시작했고 박사 과정의 전공 또한 영성 신학으로 바꾸기로 결심했습니다. 가톨릭교회의 중심인 로마에서 영성 신학의 흐름을 주도하는 곳은 테레시아눔과 그레고리아눔입니다. 여기서 저는 닥치는 대로 영성 신학 과목을 들으며 점차 이 분야에 눈을 뜨기 시작했습니다. 그리고 가톨릭교회의 이천 년 역사 이면에서 교회의 영적인 맥을 이어 온 수많은 영성가를 만나며 마치 신대륙을 발견한 듯한 경이로움에 휩싸이곤 했습니다. 교회의 정신을 몸소 삶으로 체화해서 '영성'의 꽃으로 피워 낸 영성가, 성인들이야말로 진정 교회를 내면 깊은 곳에서부터 떠받치는 보이지 않는 기둥임을 실감할 수 있었습니다.

그러나 전공을 바꿨을 때 감당해야 할 여러 가지 까다로운 학사 행정의 문제로 인해 박사 과정에서 전과를 하지는 못했습니다. 결국 토마스 성인의 《신학대전》을 주제로 신학적 인간학을 심화하는 것으로 공부를 마무리 짓게 되었습니다. 하지만 학위 과정을 끝낼 때까지 매 학기마다 서너 개의 영성 신학 과목을 들으며 마치 선물처럼 영성 신학을 부전공으로 하게 되었습니다. 이를 기초로 하여, 그로부터 10년 후 스페인 아빌라의 신비 신학 대학원에서 신학의 꽃인 영성 신학 분야에서도 그 정점이라고 할 수 있는 신비 신학을 비롯해 가르멜 영성을 체계적으로 배울 수 있었습니다.

이제 또 10년이 지났습니다. 그리고 저는 새롭게 '영성'이라는 화두를 부여잡고 이 시리즈를 시작하게 되었습니다. 그간 '교의 신학 교과서 시리즈'와 '가르멜 영성 시리즈'의 기초가 되는 이탈리아와 스페인의 주요 학자들의 연구서를 비롯해 가르멜 성인들의 원전 번역 작업에 심혈을 기울였습니다. 유학 시절 갈고닦은 영성 신학 분야를 한국 교회에 소개하고 싶은 마음은 간절했지만, 출판 시장이 열악한 데다 이 분야를 가르칠 기회가 되지 않아 연구 결과를 정리하지 못했습니다.

그러던 중에 기쁜소식 출판사를 통해 《가르멜 총서》와 《가르멜의 향기》 시리즈를 출간하고 가르멜 성인들의 다양한 영성 주제를 평화신문에 3년간 연재할 수 있었습니다. 그리하여 6년 전부터 서울 가톨릭대학교 산하 문화영성대학원에서 '영성 신학 입문'을 비롯해 '영성 신학의 주요 주제들', '가르멜 영성의 주요 주제들', '근현대 영성사'를 순차적으로 강의할 기회를 얻게 되었고, 4년 전부터는 수원가톨릭대학교 교수 신부님들의 초대로 '영성 신학'과 '사제 영성' 그리고 '수도 생활 신학'을 강의할 행운도 얻게 되었습니다. 결국 본의 아니게 교의 신학과 영성 신학이라는 신학의 두 분야를 전공하게 되었고, 한국에서 학문적인 결실도 맺게 되었습니다.

본 영성 시리즈가 탄생한 데에는 1987년 서울 신학교 입학 동기인 현 가톨릭출판사 김대영 사장 신부님의 초대와 배려가 있었습니다. 김 신부님과 저는 예나 지금이나 신자들에게 실질적으로 도움이 되면서도 어렵지 않고, 오히려 매력적으로 어필할 수 있는 분야는 역시 '영성'임을 공감했습니다. 이러한 생각을 바탕으로 김 신부님은 '영성'을 주제로 한 총서의 창간을 제안하셨습니다. 지금 돌아보면, 7년 전 《가르멜 총서》를 통해 맺지 못한 인연이 오히려 지금에 와서 보다 풍요롭고 광범위한 《가톨릭 영성 학교 시리즈》를 준비하게 하시는 하느님의 섭리였음을 알게 되었습니다. 만사를 통해 저희를 섭리적으로 인도하시며 가장 좋은 길로 이끄시고 안배하시는 주님은 찬미와 영광을 받으소서!

'영성'이라는 매력적이면서도 어려운 주제를 소개함에 있어 김 신부님과 공감했던 또 다른 면은 '소통'의 문제였습니다. 어떻게 하면 이렇듯 좋은 보화를 신자들의 눈높이에 맞춰 쉽고 설득력 있게 전해 줄 수 있을지를 고려해야 한다는 겁니다. 좀 더 전문적으로 말하면, 한국의 신자들을 위해 시도하는 일종의 토착화 작업이자 금일화슥

日化 작업이라고 할 수 있습니다. 신앙의 선조들이 우리에게 물려준 보화를 21세기 한국을 살아가는 신자들이 충분히 공감할 수 있는 이슈와 언어로 각색해서 전해 주지 못한다면, 그것은 가공되지 못한 채 남아 있는 투박한 원석처럼 천덕꾸러기 신세를 면치 못할 겁니다. 저는 이 시리즈를 통해 이 원석들을 잘 다듬어 오늘을 살아가는 신자들에게 하느님을 향한 심오한 삶의 길을 소개하려 합니다. 그리고 하느님 안에서 충만하게 자신을 실현할 수 있는 고유한 영성의 길을 자신의 것으로 체화할 수 있는 바탕을 마련하고자 합니다.

저는 이 시리즈에 영성 신학의 거대한 두 산맥을 담아 보고자 합니다. 첫 번째는 '영성사靈性史'입니다. 초대 교회부터 현대에 이르기까지 시대를 풍미했던 수많은 영성가와 영성 운동은 우리에게 천상을 향한 다양한 길을 보여 주는 마르지 않는 샘이자 엄청난 보화를 간직한 광맥과도 같습니다. 물론 몇몇 영성 신학자의 노력으로 이 분야가 개괄적으로 소개되기도 했습니다만, 이 거대한 산맥을 단 한 권에 담는다는 것은 어불성설입니다. 또 어떤 경우는 성인들이 집필한 일부 영성 서적을 발췌해 담기만 했을 뿐, 가톨릭교회를 주도해 온 주요 영성 학파와 형성 배경, 그 학파를 구성하는 주요 영성가들의 생애와 영성 주제를 비롯해 주요 작품에 대한 개괄적 소개 등은 많이 부족한 것이 현실입니다. 최근 《가톨릭 문화 총서》를 통해 소개된 바티스타 몬딘 신부님의 《신학사》 1~4권은 각 권마다 천 페이지에 육박하는 대작大作입니다. 이 정도는 되어야 이천 년 그리스도교 신학사의 윤곽을 소개할 수 있습니다. 영성사 역시 마찬가지입니다. 이천 년간 맥을 이어 온 그리스도교의 영성사 또한 각 시대마다 영성에 한 획을 긋고 후대에 혼맥魂脈을 전해 준 대가들의 생애와 그 가르침을 온전히 담아낼 수 있어야 합니다. 그러나 과도한 분량이나 엄격한 학술적 접근이 신자들에게 부담이 될 것을 고려해, 저는 각 권을 200페이지 내외의 책자에 담으려 합니다. 그렇게 함으로써 신자들이 다양한 영성 주제를 따라가는 데 어려움이 없도록 배려하고자 했습니다.

저는 영성 신학이 제시하는 다양한 주제를 우리의 실생활에 비춰 성찰하는 가운데 매일의 영적 양식이 되도록 하고자 합니다. 그간 여러 영성 신학 교과서가 출간되어 신자들에게 도움을 주고 있지만, 책 자체의 난이도나 번역상의 문제, 분량 부족, 심지어 제2차 바티칸 공의회 훨씬 이전의 내용을 그대로 소개하는 시대적 거리감으로 인해 오늘날에는 전혀 유효하지 않은 작품도 더러 있습니다. 이런 이유로 한국 교회에는 아직도 신자들의 눈높이에 맞는 영성 신학 교과서가 턱없이 부족한 게 현실입니다. 가톨릭대학교 문화영성대학원과 수원가톨릭대학교에서 '영성 신학', '영성 신학 입문', '영성 신학의 근본 주제들'과 같은 다양한 강의를 준비하고 가르치면서도 늘 이 부분이 아쉬웠습니다. 많은 사람이 영성에 목말라하고 영성에 대해 외치면서도 정작 교회에 이 분야의 기본을 세워 줄 만한 좋은 교과서가 제대로 갖춰져 있지 않다는 것은 정말이지 아이러니가 아닐 수 없습니다.

그래서 저는 이 영성 시리즈의 또 다른 축으로 시간이 흘러도 변하지 않는 고전적인 영성 주제를 현대인에게 맞는 새로운 해석으로 소개하고자 합니다. 물론 쉽지 않겠습니다만, 각각의 영성 주제가 도대체 무엇을 의미하는지 그 본질적인 메시지를 찾아서 현대인이 이해하기 쉽도록 전하는 작업을 영성 신학을 공부한 신학도 중에 누군가는 해내야 성성聖性의 길을 가려는 이들에게 디딤돌이 될 것이라고 생각합니다.

오늘날 한국 교회는 여러 어려움에 직면해 있습니다. 다양한 종교로 구성된 한국 사회에서 가톨릭교회의 양적인 성장은 더 이상 기대하기 어려운 형국입니다. 또한 세례 받은 신자 가운데 상당수가 냉담자로 돌아서고 있습니다. 사회 전체가 노령화 시대로 접어들고, 엎친 데 덮친 격으로 출산율까지 감소하면서 젊은이의 수가 줄어들고 성소자 역시 급격하게 줄고 있는 상황입니다. 신학교와 수도회, 수녀회는 교회와 수도 공동체를 이어 갈 성소자가 부족해 걱정하고 있습니다. 이 난국을 어떻게 헤쳐 나갈 수 있을까요? 그 해답은 다름 아닌 '영성'에 있습니다. 교회와 수도 공동체가 천상을 향한 비전을 갖고 천상을 향해 나아가고자 간절히 염원하는 가운데 치열하게 걸어가야 합니다. 그리고 이 비전과 열망을 세상에 과감히 전할 수 있어야 합니다. 교회가 먼저 영성적인 비전을 갖고 그 비전을 몸소 살아갈 때, 사람들은 바로 그 비전을 보고 다시 교회의 문을 두드릴 것이며 성소자들도 하나둘씩 수도 공동체를 찾을 것이라 믿습니다.

오늘의 난국을 타개할 가장 효과적인 답은 '영성'에 있습니다. 이를 통해 교회와 수도 공동체가 쇄신되고 질적으로 더욱 깊어질 때 우리에게 미래가 열릴 것입니다. 저는 영성을 공부한 신학도로서 이 영성 시리즈를 통해 그 작업에 조금이나마 도움이 되고자 합니다. 부디 영성에 목말랐던 분들은 이 시리즈를 통해 각자 필요한 몫을 얻어 영적 쇄신을 위한 마중물로 사용하시면 좋겠습니다. 여러분을 심오한 그리스도교 영성의 세계로 초대합니다.

2019년 8월 28일
성 아우구스티노 축일에 가르멜 관구 수도원에서

윤주현 베네딕토 신부, O.C.D.

목차

들어가는 말
주님, 찬미와 영광 받으소서! · 04

제1장 우리는 이미 영성 생활을 하고 있습니다 · 21

진리를 찾아 걸어온 길 · 22 / 인생의 진실을 마주하다 · 32 / 세례 때에 받은 소명 · 34

제2장 영성이란 무엇일까요? · 45

영성은 가톨릭에만 있을까요? · 46 / 하느님과 나를 이어 주시는 분 · 50 / 고유한 사랑의 표현 방식 · 51 / 각자의 삶에서 찾는 영성의 길 · 56 / 무지갯빛 영성 · 62 / 너는 내게 무척 소중하단다 · 71 / 너희는 나를 누구라고 하느냐? · 78

제3장 **신학의 꽃, 영성 신학** · 87

> 수덕 신학의 시작 · 88 / 신비 신학의 유래 · 90 / 수덕 신비 신학의 이해 · 92 / 영성 신학이란 무엇일까요? · 96

제4장 **영적 여정의 목적은 무엇일까요?** · 107

> 하느님을 바라보는 것 · 115 / 하느님과 사랑의 합일을 이루는 것 · 124 / 영원한 생명을 누리는 것 · 128

제5장 **영적 여정에서 만나는 세 가지 길** · 141

> 1) 정화의 길
> 회심, 하느님을 향하다 · 149 / 정화의 길을 걷는 사람들 · 151 / 영적 전투의 시기 · 156 / 성성聖性을 향한 일대결심 · 157

2) 조명의 길

주님을 닮으려는 노력 · 163 / 기도에 더욱 전념하다 · 166 / 인간의 주요 덕목, 사추덕 · 174 / 인간에게 허락하신 향주삼덕 · 179

3) 일치의 길

하느님과의 사랑을 완성하다 · 189 / 하느님만을 바라보는 삶 · 191 / 사랑으로 교감하는 관상 기도 · 194 / 성령의 은혜로운 선물 · 203

나가는 말
하느님에 대한 꿈을 꾸십시오 · 209

부 록 1. 영성 신학의 주요 자료 · 215
     2. 다양한 영성 학파 · 234

"아, 제발 그이가 내게 입 맞춰 주었으면!
당신의 사랑은 포도주보다 달콤하답니다.

정녕 당신의 향유 내음은 싱그럽고
당신의 이름은 부어 놓은 향유랍니다.
그러기에 젊은 여자들이 당신을 사랑하지요.

나를 당신에게 끌어 주셔요, 우리 달려가요.
임금님이 나를 내전으로 데려다 주셨네."(아가 1,2-4)

1.

우리는
이미 영성 생활을
하고 있습니다

오늘날 교회의 여러 곳에서 '영성'이라는 말을 자주 사용하고 있습니다. '사제 영성, 평신도 영성, 수도자 영성, 프란치스칸 영성, 가르멜 영성, 베네딕토회 영성, 전례 영성, 성경 영성' 등을 여러분도 익히 들어 보셨을 것입니다. 아마도 '영성'이라는 말을 붙이면 조금 더 심오한 인상을 주기에, 모두가 유행처럼 쓰는 것이 아닌가 합니다.

그런데 과연 우리 중에 '영성'의 의미를 제대로 아는 사람은 몇이나 될까요? 우리는 '영성'을 추구하기에 앞서 '영성'이 무엇을 의미하고 '영성 생활'이란 어떤 것인지 알아 둘 필요가 있습니다. 또한 영성 생활을 통해서 무엇을 추구해야 하며, 그 목표에 이르기 위해서는 어떠한 길을 가야 하는지 고민하고 배워야 할 것입니다.

진리를 찾아 걸어온 길

저는 중·고등학교 시절까지 개신교 교회에 다녔습니다. 어린 시절에는 어머니가 쥐어 주신 헌금 몇 푼을 들고 동생과 함께 가서 예배를 드리곤 했습니다. 예배가 끝나면 바지에 구멍이 날 때까지 친구들과 교회에서 미끄럼틀을 타던 기억, 율동에 맞춰 요한 복음 3장 16절 노래를 부르던 기억, 중·고등부 담당 목사님의 설교를 꼼꼼히 받아 적었던 기억이 있습니다. 고등학교 2학년 때는 단짝 친구가 다니던 작은 교회로 옮겼는데, 가족 같은 환경에서 학생회, 성가대, 중창단, 성극 같은 걸 하면서 신앙생활에 푹 빠져들기 시작했습니다. 학교 수업만 끝나면 거의 매일 교회에 가서 또래 친구들과 인생에 대해, 신앙에 대해 늦은 시간까지 이야기꽃을 피우곤 했습니다.

그 무렵부터 차츰 '나'라는 존재에 대해 자각하기 시작했습니다. 그리고 제 앞에 펼쳐진 '인생'이라는 과제가 보이기 시작했습니다. 그 시절 제 안에는 참 많은 물음이 생겨났습니다. 삶은 무엇인가? 진리는 무엇인가? 나는 누구인가? 인생의 궁극적인 목적은 무엇인가? 나는 왜 이 세상에 태어났는가? 내 존재의 근원은 무엇인가? 나는 어디로 가야 하는가? 고통이란 무엇인가? 죽음이란 무엇인가? 죽음을 넘어서는 영원한 것은 있는가? 학교에서는 가르쳐 주지 않는 이 물음에 대한 답을 어디서 찾을 수 있을까? 누구도 답을 가르쳐 주지 않는 이 모든 물음이 마음에 가득 차올라, 열일곱 소년이던 저는 한동안 홍역을 앓아야 했습니다. 이 물음에 대한 답을 찾지 못한다면, 공부를 잘해서 명문대에 가고, 출세를 하고, 돈과 명예를 거머쥔다 해도 아무 소용이 없을 것 같았습니다. 사랑하는 연인을 만나 결혼을 하고 자녀를 갖는다 한들, 미래의 제 아내나 자식이 이 문제를 절대 해결해 줄 수 없다는 생각이 들었습니다. 그것은 나만이 짊어질 수 있는 내 삶의 무게였기 때문입니다.

저는 틈나는 대로 교회에서 십자가를 바라보며 홀로 기도했습니다. 그리고 그해가 끝나 갈 무렵, 제 안에는 참 진리이신 예수님을 따라야겠다는 원의가 생겨나기 시작했습니다. 나중에서야 저는 그것이 하느님의 부르심, 즉 성소 체험이란 걸 알게 되었습니다. 하느님은 열일곱의 가녀린 소년이 감당하기에는 너무 많고 무거운 물음들을 마음 깊은 곳에서부터 일으키시며 제게 손짓하셨습니다. 그렇게 진리를 향한 제 여정이 시작되었습니다.

그런데 개신교에서 주님을 따르는 성직자가 된다는 것은 곧 목사가 되는 것인데, 결혼을 하고, 자식을 낳고, 재산을 쌓는 목사님들의 모습에서 주님을 따르는 삶의 모습을 찾기는 어려웠습니다. 누군가를 진심으로 사랑하면 그 사람을 위해 자신이 가진 모든 것, 심지어 자기 자신까지도 기꺼이 다 주게 됩니다. 그러니 절대 진리이신 하느님, 그리고 그 하느님을 우리에게 보여 주신 예수님을 따르는 제자라면, 내가 가진 모든 것과 장차 가지게 될 모든 것, 사랑하는 사람들과 장차 사랑하게 될 모든 사람, 그리고 근본적으로 나 자신을 온전히 봉헌해야 한다는 생각이

들었습니다. 그래서 예수님을 따르기에 가장 적합한 삶의 형태가 무엇일지 고민하고 기도하며 찾기 시작했습니다. 당시 가톨릭에 대해서는 잘 몰랐지만 같은 하느님과 예수님을 믿는 종교라는 것은 알고 있었으며, 신부로 사는 것이 목사로 사는 것보다 좀 더 예수님을 따르기에 좋다고 생각했습니다. 무엇이 더 하느님의 뜻에 부합하는가, 어떤 삶이 주님을 따르기에 더 적합한 삶의 형태인가? 이 점을 고민하고 기도하면서 제가 도달한 결론은 사제가 되는 것이었습니다.

저는 사제가 되기 위해 가톨릭교회로 개종하기로 결심하고, 고3 때부터 서울 흑석동의 명수대 교회 대신 명수대 성당에 다니기 시작했습니다. 모든 게 낯설었고 환대해 주는 사람도 없었지만, 앞으로 걸어야 할 참된 인생의 길을 발견했다는 벅찬 마음으로 6개월간 영세 교리를 받으며 기도문을 외웠습니다. 바쁜 고3 시기에 매일 새벽 미사에도 참례하면서 차츰 가톨릭 신자로 거듭나기 시작했습니다.

그러나 얼마 안 가서 문제에 부딪히고 말았습니다. 사

제가 되기 위해 신학교에 가려면 부모님의 허락도 필요하고, 견진성사도 받아야 하며, 무엇보다 영세 받은 지 3년이 지나야 하는데 저는 그중 어떤 것에도 해당되지 않았습니다. 당장 영세를 받더라도 3년을 기다려야 하는데, 부모님은 1주일 말미를 주시며 신학교에 가는 걸 포기하지 않으면 호적에서 파 버린다며 크게 노하셨습니다. 진퇴양난의 상황이었습니다. 그 와중에도 어디서 그런 용기가 났는지 지금 생각해도 감회에 젖곤 합니다. 확실히 하느님은 당신이 부르신 사람들에게 그에 맞는 용기의 은사를 주시는가 봅니다. 저는 부모님께 포기한 척을 하고 몰래 새벽 미사를 봉헌했고, 점심시간엔 잠시 나와 성당에서 성체 조배를 하다 들어갔습니다. 그리고 부모님의 지원을 받지 않고 신학교에 가기 위해 새벽에 몰래 신문 배달을 해서 적금을 붓기 시작했습니다.

그런데 부모님의 반대를 무릅쓰고 신학교에 가려면 졸업과 동시에 신학교에 입학해야 했습니다. 그래서 어떻게든 저를 받아 줄 곳을 찾아 나섰습니다. 저는 교구 주보를 보면서 주로 외방 선교회의 성소 모임을 적극적으로 찾아가 문을 두드렸습니다. 그러나 반년을 그렇게 두드려도 교구나 외방 선교회 어디서도 선뜻 받아 주려 하지 않았습니다. 그때는 그게 그렇게 서운했는데, 지금 돌아보면 그럴 수밖에 없었습니다. 아직 영세도 안 받은 예비자가 신학교에 가고 수도원에 입회하고 싶다니, 도무지 말이 안 되었던 겁니다.

그 시절 저는 방과 후에 삼청동에 있는 정독 도서관에서 공부를 하곤 했습니다. 그런데 공부를 해도 가톨릭에 대해 모르면 어디서도 안 받아 줄 거라는 생각에 마음이 급했습니다. 그래서 입시 공부는 전혀 하지 않은 채 가톨릭교회와 관련된 책들을 닥치는 대로 읽었습니다. 장차 사제가 되어 평생을 살아가려면 가톨릭교회에 대해 더 알아야 할 것 같았습니다. 그러다 우연히 어느 목사님이 쓰신 《수도 생활의 향기》라는 책을 보게 되었는데, 거기서 놀라운 내용을 접했습니다. 가톨릭교회에는 불교처럼 진리를 향해 나아가기 위해 '도道'를 닦는 길이 있다는 겁니다. 그것은 바로 '수도 생활'이었습니다. 그 책에는 당시 한국에 진출한 수도회들과 그 수도회의 기원, 영성, 현주소 등이 일목요연하게 담겨 있었는데, 거기서 가장 마음에 와 닿은 수도회가 바로, 현재 제가 속한 가르멜 수도회였습니다. 초기 사막의 은수자들을 본받은 봉쇄 수도원 안에서 사막의 삶을 살아가며 절대적인 침묵과 고독 중에 하느님에 대한 깊은 체험을 추구하는 곳이라는 설명을 보았습니다. 그때 저는 가톨릭교회에도 이렇게 깊은 산골 암자에서 오롯이 도를 닦는 길이 있음을 처음 알았습니다. 그리고 바로 이곳이 제가 목숨을 바쳐 혼신을 다해 살아갈 길임을 직감적으로 알게 되었습니다. 그래서 책에 나온 가르멜 수도원 주소를 적어 두었다가, 그 다음 주에 아예 작심을 하고 지도 하나만 든 채 삼청동에서 수유리까지 순례하는 마음으로 네다섯 시간을 하염없이 걸었습니다.

세속과 자신을 온전히 가르는 수도원의 높은 봉쇄 담, 정갈하고 엄숙한 정원, 높이 솟은 종탑, 이 모두가 마치 천국의 문에 들어선 느낌이었습니다. 그런데 웬걸, 정원을 산책하며 두리번거리던 제게 짙은 갈색 수도복을 뒤집어쓴 할머니 수녀님이 다가오셨습니다. 수녀님이 제게 왜

왔냐고 물으시기에 수도원에 입회하고 싶어서 방문했다고 하니, 이곳은 수도원이 아니고 수녀원이랍니다. 뒤통수를 맞은 기분이었습니다. 그곳은 수녀님들이 사는 가르멜 '수녀원'이었던 겁니다. 제가 처음으로 받은 성소는 봉쇄 가르멜 수녀 성소였는데, 남자라는 이유로 쫓겨나고 말았습니다. 지금 돌아보면 좋은 추억거리입니다.

여하튼 그렇게 수유리에서 공치고 나서, 다음 날 본당에서 남자 가르멜 수도원 주소를 받아 또 다시 주소 하나 달랑 들고 부평의 계산동까지 물어물어 찾아갔습니다. 당시만 해도 미개발 지역이라 찾아가는 데 꽤나 애를 먹었던 기억이 납니다. 그곳이 바로 제가 지금까지 32년 동안 수도 생활을 하며 살게 된 남자 가르멜 수도원의 모원母院이었습니다.

그곳에 입회하기까지 부모님의 결사반대를 비롯해 많은 어려움이 있었습니다. 가르멜 수도회에서도 갓 영세를 받은 성소자를 쉽게 받아 주지는 않았습니다. 결국 그곳에 뼈를 묻을 각오를 하고, 가출을 해서 지내며 영세 기간을 채우고 군 복무를 빨리 마친 다음 신학교 입학시험을 치고 수도회에 입회할 계획을 세웠습니다. 그러나 저를 걱정했던 절친한 친구가 부모님께 고자질하는 바람에 수포로 돌아가고 말았습니다. 결국 모든 길이 막힌 상황에서 제가 할 수 있는 것은 기도밖에 없었습니다. 그런데 그때 불현듯 길이 열리기 시작했습니다. 당시 인천 가르멜 원장 신부님이 신학교에 입학해서 2학년까지 다니다 군대 3년을 다녀오면 영세 기간 3년은 문제가 되지 않고, 그 기간 중에 견진 성사도 받으면 되니 걱정 말고 입회 준비를 하라는 것이었습니다. 저는 그렇게 관면을 받고 수도 생활에 입문했습니다. 신자가 아니셨던 부모님은 큰 충격을 받으셨고, 특히 아버지와는 그 후로 서품을 받을 때까지 12년 동안 큰 어려움을 겪으며 살아야 했습니다.

이렇게 수도 생활에 입문한 후로, 수도회에서 수련을 받고 서원을 하여 수도자의 길을 걸어왔습니다. 이탈리아와 스페인에서 유학하며 기나긴 학업의 여정도 걸었습니다. 그러나 저는 사춘기 시절처럼 진리를 향한 목마름이라는 열병을 아직도 앓고 있습니다. 그 목마름을 온전히 채우기 위해 진리를 향한 여정을 여전히 걷고 있습니다. 그러니까 저는 계속 구도자求道者인 셈입니다. 그러나 32년이라는 구도의 여정을 걸으며 하느님에 대한, 신앙에 대한 다양한 체험을 해 왔습니다. 그 과정에서 진리이신 주님께 더 가까이 다가설 수 있었고, 그분을 조금은 더 알고 사랑하게 되었습니다. 그리고 주님께 많은 은총의 선물을 받았습니다.

수도회에 입회할 당시 '바오로'라는 세례명을 쓰시는 선배 수사님이 있어 제 수도명을 바꿔야 했습니다. 그때 제가 성소를 받은 작은 교회로 저를 인도해 주고 다양한 활동을 함께하면서 마침내 신앙에 눈을 뜨게 해 준 친구가 떠올랐습니다. 저의 가출을 막아 결과적으로 가르멜 수도회에 입회하도록 섭리적으로 인도한 바로 그 친구였습니다. 저는 그 친구에게 수도명을 지어 달라고 부탁했습니다. 친구는 개신교 신자라 수도명은 잘 몰랐지만 클래식 음악을 전공하여 미사곡에 대해서는 잘 알고 있었습니다. 그 친구는 곰곰이 생각하다가 "크레도, 상투스, 베네딕투스…… 그래, 베네딕투스! 베네딕토가 좋겠다!"라며 '베네딕토'라는 수도명을 선물해 주었습니다.

솔직히 저는 베네딕토 성인이 누구인지도 잘 몰랐고, 이름도 썩 좋아 보이지 않았습니다. 하지만 소중한 친구가 지어 준 이름이었기에 수도명으로 선택했고, 지금까지 수도원에서 베네딕토 신부 또는 편하게 분도 신부로 불리고 있습니다. 그렇게 수도명을 정하고 신학교에서 라틴어를 공부하면서 비로소 그 이름에 담긴 깊은 뜻을 알게 되었습니다. '베네딕토'는 '하느님의 축복을 받은 자'라는 의미를 담고 있습니다. 저는 수도 성소를 받은 후 지금까지 그 이름처럼 하느님께 많은 축복을 받았습니다. 이제 남은 일생 동안 제가 받은 축복을 수도회의 모든 회원을 비롯해 한국 교회의 많은 성직자, 수도자, 신자들과 나누고 하느님의 이름으로 축복하기 위해 노력하고 있습니다.

인생의 진실을 마주하다

앞서 제가 걸어온 성소에 대한 이야기를 한 것은, 저뿐만이 아니라 이 글을 읽는 여러분 모두의 마음 깊은 곳에 진리를 향한, 궁극적인 사랑을 향한 열망이 있다는 것을 알려 드리기 위해서입니다. 하느님은 바로 그 열망을 통해 여러분 각자를 부르십니다. 마음 깊은 곳에서 솟아나는 열망을 통해 우리를 부르시는 주님의 음성을 귀 기울여 듣고 응답하는 사람은 그 순간부터 하느님을 향한 영적인 여정에 들어서게 됩니다. 동양적인 표현을 빌리면 도道, 즉 참된 인생의 길을 찾아 나서는 것입니다. 궁극적인 진리에 이르지 못하면, 우리 인생에 많은 돈과 명예가 뒤따른다 해도 아무 소용이 없습니다. 결국 그 모든 것은 죽음 앞에서 한 줌의 재로 사라질 것이기 때문입니다.

소위 세상의 난다 긴다 하는 사람들은 권력의 정점에 있는 대통령이 되고 싶어 합니다. 그러나 대통령이 되어 권력을 잡는다 한들, 기껏해야 5년이면 뒷방 늙은이로, 역사의 뒤안길로 사라지고 맙니다. 재벌이 아무리 많은 돈을 쌓아 두고 있어도 죽어서 저세상으로 갈 땐 1원 한 푼 가져갈 수 없는 게 인생의 냉엄한 진실입니다. 그런 것에 인생의 목적을 두는 잘못을 범해서는 안 됩니다.

고등학교 시절, 이러한 진실과 마주하면서 제 뇌리에

맴돌던 생각이 있습니다. 그것은 단 하루를 살아도 인생의 참된 진리를 깨달을 수 있다면 그것이 진정한 행복이며, 그렇지 않다면 아무리 부귀영화를 누려도 동물과 별반 다를 바 없다는 사실입니다. 인생의 진실을 대면하고 진지하게 받아들이는 분이라면, 이미 하느님을 향한 여정에 들어선 것입니다. 이 글을 읽고 있는 여러분도 가톨릭교회에서 세례를 받음으로써 그 첫발을 디뎠습니다.

세례 때에 받은 소명

흔히 신자들은 세례를 당연히 받아야 한다고 말하면서도 그리 중요하지 않은 것처럼 치부하곤 합니다. 하지만 이는 신앙생활, 더 나아가 영성 생활이 뭔지 잘 몰라서 하는 말입니다. 전 세계 모든 신자에게 성경과 교리서 다음으로 중요한 책 중 하나가 1962년부터 1965년까지 개최된 제2차 바티칸 공의회에서 결정된 사항을 모아 놓은 공의회 문헌집입니다. 한 국가의 시민에게 가장 중요한 것이 헌장이듯이, 이 문헌집 또한 교회에서 헌장과 같은 역할을 합니다. 공의회 문헌 가운데 가장 중요한 《교회 헌장》(인류의 빛: Lumen Gentium) 40항은 세례에 대해 다음과 같이 말합니다.

"그리스도의 제자들은 자기 업적 때문에 하느님께 불린 것이 아니라 오직 하느님의 계획과 은총에 따라 부름받고, 주 예수님 안에서 의화되고, 믿음의 세례 안에서 참으로 하느님의 자녀가 되어 하느님 본성에 참여하였기에 참으로 거룩하게 된 것이다."

모든 신자는 세례와 더불어 하느님으로부터 부름받고 그분을 닮아 거룩하고 완전한 자가 되도록 초대받았다는 것입니다. 그러므로 우리가 받은 세례는 영성 생활의 출발점이 됩니다. 《교회 헌장》 39항은 우리가 받은 궁극적인 소명에 대해 이렇게 전하고 있습니다.

"…… 성령의 선물로 가득 채워 주셨기 때문이다. 그러므로 '하느님께서 여러분에게 원하시는 것은 여러분이 거룩한 사람이 되는 것입니다.'(1테살 4,3; 에페 1,4 참조) 한 사도의 말씀대로, 교회 안에서 모든 이는 교계에 소속된 사람이든 교계의 사목을 받는 사람이든 다 거룩함으로 부름받고 있다."

하느님께서 거룩하신 것처럼 거룩함을 향해 초대받았다는 것은, 달리 말해 영성 생활로 초대받았음을 의미합니다. 그렇습니다. 우리 모두는 세례와 함께 '거룩한 자', 즉 성인聖人이 되도록 부름받았습니다.

세례를 통해 우리를 낳아 준 어머니인 가톨릭교회는 참으로 풍요롭습니다. 교회는 초창기부터 언제나 '영성'에 대해 이야기해 왔습니다. 어떻게 하느님께 나아갈 수 있는가, 소위 그리스도교 신앙을 바탕으로 '도道'를 닦는 데 대한 비전이 신앙생활의 본질적인 면에 자리 잡고 있습니다. 가톨릭교회의 가장 자랑스러운 면 가운데 하나가 바로 이것이 아닌가 합니다. 우리 민족의 대표 종교 중 하나인 불교에서는 '성불成佛'하는 것을 신앙생활의 최종 목적

으로 이야기합니다. 도교에서도 '신선'이 되는 것, 즉 천인天人, 하늘의 사람이 되는 것에 대해 이야기합니다. 가톨릭 교회에서도 성불하는 것, 신선이 되는 것, 하늘 사람이 되는 것에 대해 분명히 가르치고 있습니다. 전통적인 표현을 빌리자면 '성인聖人'이 되는 것입니다. 제2차 바티칸 공의회 문헌 《교회 헌장》(인류의 빛: Lumen Gentium) 40항은 이 보편적인 소명에 대해 다음과 같이 전합니다.

"모든 완덕의 천상 스승이시며 모범이신 주 예수님께서

는 친히 거룩한 생활의 창시자요 완성자로서 당신의 모든 제자에게 어떠한 신분이든 그 한 사람 한 사람에게 생활의 성화를 가르치셨다. '하늘의 너희 아버지께서 완전하신 것처럼 너희도 완전한 사람이 되어야 한다.'(마태 5,48) ······ 그러므로 그들은 하느님의 은총으로 거룩하게 살며 이미 받은 성덕을 보존하고 완성해 나가야 한다."

이 보편적인 소명은 특정 신분, 예컨대 교황님이나 주교님, 신부님이나 수도자에게만 국한된 특별한 소명이 아닙니다. 교회의 구성원이면 누구든지, 교황님을 포함해서 전 세계 모든 신자에게 요청되는 거룩하고 보편적인 부르심입니다. 다만, 많은 신자들이 이 소중한 소명에 대해 대체로 자각하지 못한 채 간신히 주일 미사 정도만 참례하는 것에 만족하며 살아갑니다. 또는 신앙생활의 목표가 단순히 애덕 실천과 봉사 활동에만 있는 줄 알고 온갖 본당 단체에 가입해서 정신없이 살아가는 분들도 적지 않습니다. 물론 그런 활동도 신앙생활에 도움이 되지만, 우리가 좀 더 노력해야 할 핵심적인 면은 바로, 우리 또한 하느님처럼 거룩한 이가 되는 것입니다.

 "따라서 어떠한 신분이나 계층이든 모든 그리스도인이 그리스도교 생활의 완성과 사랑의 완덕으로 부름받고 있다는 것은 누구에게나 자명한 일이며, 그 성덕으로 지상 사회에서도 더욱 인간다운 생활 양식이 증진된다. 그 완덕에 이르고자 신자들은 그리스도께 받은 힘을 다하여 그분의 발자취를 따르며, 그분의 모습을 닮아 모든 일에서 하느님 아버지의 뜻을 따르고, 하느님의 영광과 이웃에 대한 봉사에 온 마음으로 헌신하여야 한다."(40항)

 이처럼 '성인聖人'이 되는 것은 자모이신 성교회가 우리 모두에게 선사하는 최고의 선물이자 초대입니다. 이 선물은 세례 받은 모든 사람에게 주어지는 것입니다. 신학생이 사제품을 받고 예비 수도자가 서원을 함으로써 교회와 더욱 긴밀히 결합되어 성성聖性을 향해 나아가는 것은 모두 그 출발점에 '세례'라는 가장 기본적이고 중요한 사건이 자리하고 있습니다.

여러분은 세례를 통해 하느님의 자녀가 되었고 그분처럼 거룩하고 완전한 자가 되도록 초대받았습니다. 저의 안내를 통해, 세례 때 영혼 안에 씨앗처럼 선물 받은 완덕을 향한 부르심을 자각하시길 기원합니다. 우리는 앞으로 가톨릭 신자로서 받은 근본 성소인 '성인聖人이 되는 것'에 대해 함께 나누며, 이 소명을 이루어 가는 과정에 대해 배우게 될 것입니다. 이 보편 소명을 이루어 가는 과정이 다름 아닌 영성 생활입니다.

"내 영혼이 사랑하는 이여, 내게 알려 주셔요.
당신이 어디에서 양을 치고 계시는지
한낮에는 어디에서 양을 쉬게 하시는지.
그러면 나 당신 벗들의 가축 사이를
헤매는 여자가 되지 않을 거예요.

여인들 가운데 가장 아름다운 이여
그대가 만일 모르고 있다면
양 떼의 발자국을 따라가다
양치기들의 천막 곁에서
그대의 새끼 염소들이 풀을 뜯게 하오."(아가 1,7-8)

2.

영성이란
무엇일까요?

교회에서 '영성'이라는 말을 너무 자주 쓰다 보니 모두가 그 의미를 잘 알고 있는 것처럼 여깁니다. 하지만 막상 대화를 해 보면, 어처구니없게도 그 의미를 전혀 알지 못한 채 사용하고 있다는 사실을 알게 됩니다. 평신도뿐만 아니라 수도자, 심지어 신부님들도 마찬가지입니다.

그러니 이번 기회를 통해 '영성'의 정확한 의미를 모두 이해하셨으면 합니다. 앞으로 우리가 나누게 될 영성에 대한 수많은 이야기도 영성의 의미를 제대로 아는 것에서부터 시작됩니다.

영성은 가톨릭에만 있을까요?

 넓은 의미에서 보면, '영성'은 인간의 행위를 유발하는 어떤 태도나 정신을 일컫는 말입니다. 일종의 종교적·윤리적 가치 전체를 가리키는 말이지요. 그래서 일반적으로 '영성' 하면 특정 종교에 국한되지 않습니다. 신神이나 절대자를 믿는 사람이라면 누구에게나 적용될 수 있는 말이며, 각자의 종교적인 확신에 따라 이루는 어떤 생활 양식을 일컫습니다. 그러므로 가톨릭 영성뿐만 아니라 넓게는 그리스도교 영성 그리고 선禪의 영성, 불교 영성, 유다교 영성, 이슬람 영성에 대해서도 말할 수 있습니다.

 저는 아빌라에서 가르멜 영성을 공부하던 때에 놀라운 사실을 알게 되었습니다. 가톨릭교회의 신비 신학을 대표하는 성인 중에 십자가의 요한 성인이 계시죠. 이 분이 쓰신 《가르멜의 산길》, 《어두운 밤》은 신비 신학 분야의 대표적인 작품으로 꼽힙니다. 저는 2006년부터 이 성인의 영성을 공부했는데, 어느 교수 신부님이 십자가의 요한 성인에게 영향을 준 이전 시대의 영성가 중에 중세를 풍미했던 이슬람 신비가들이 여럿 있었다고 말씀해 주셨습니다. 중세 이슬람 문화가 그리스도교에 비해 상당히 우위에 있었다는 것 정도는 알고 있었지만, 가톨릭 영성의 핵심적인 신비가에게 영향을 줄 정도로 심오했다는 사실에 놀라움을 금치 못했습니다.

나중에 공부를 더 하며 알게 된 것인데, 이슬람교의 신비주의는 소위 '수피즘sufism'이라고 합니다. 수피즘은 금욕을 비롯하여 신비적인 사상 분야에 깊이가 있고 체계화되어 있습니다. 가톨릭 영성에 버금갈 정도이지요. 수피즘에서는 하느님의 뜻을 추구하고 하느님과의 신비적 합일을 추구하는 사람을 '수피'라고 합니다. 이들은 하느님과의 합일에 이르기 위해 다음과 같은 과정을 거쳐야 합니다. 첫 번째가 참회와 회심, 두 번째가 율법 준수, 세 번째가 은둔과 독거, 네 번째가 청빈과 금욕, 다섯 번째가 마음과의 싸움, 여섯 번째가 하느님에 대한 절대적 신뢰입니다. 이렇게 윤리적인 면에서 준비가 되면, 일체의 잡행이나 잡념을 버리고 오로지 하느님의 이름을 부르는 가운데 자신의 생각을 하느님께 집중하며 무無의 상태로 나아가게 됩니다. 그리고 마침내 하느님께서 은총을 통해 수피를 사로잡음으로써 그는 망아忘我의 경지에 들어가 하느님과의 신비적 합일에 이르게 됩니다. 이슬람에서는 이를 '파나(소멸)'라고 부릅니다. 마치 어느 성인의 영적 가르침을 보는 것처럼 가톨릭 영성과 유사한 점이 많습니다.

유다교에도 역시 그들 나름의 심오한 영성이 있습니다. 유다교의 신비주의 사상을 소위 '카발라kabbalah'라고 하는데, 이는 주로 중세 독일과 스페인에서 발전하고 퍼졌습니다. 이 사상에 따르면, 사람은 하느님의 협력자로서 창조된 천상계天上界와 지상계地上界의 접점이며, 신비가는 금욕 생활을 하는 가운데 자주 하느님과 천사의 이름을 읊음으로써 황홀경에 들어갈 수 있다고 합니다. 이 신비 체험을 통해 사람들은 비로소 천상계의 비밀을 알게 된다고 하죠. 다른 종교의 신비주의가 최종적인 단계에서 인간이 신적인 존재에 흡수되거나 동화同化된다고 보는 데 반해, 유다교의 카발라는 그렇게 믿지 않습니다. 하느님은 여전히 인간이 찬양해야 할 영광스러운 존재로 남아 있는 것입니다.

이처럼 '영성' 또는 '신비'라는 말이 가톨릭교회나 그리스도교에만 국한된 개념은 아닙니다. 오래 전부터 여러 종교에서 널리 쓰여 왔고 지금도 사회 곳곳에서 자주 사용되는 말입니다. 물론 그렇다고 해서 다른 종교에서 말하는 영성 개념이 우리 교회에서 말하는 것과 같다는 뜻은 아닙니다. 분명 다릅니다. 각각의 종교에는 서로 다른 신관神觀과 교리 체계, 신을 향한 고유한 수행 방법과 신비 체험이 있습니다. 즉, 서로 혼합되기 어렵다는 말입니다.

그런데 토착화를 한다면서 서로 맞지 않는 개념들을 갖다 붙이다가 삼천포로 빠지는 경우가 많습니다. 가톨릭이나 한국의 사상, 종교에 대해 제대로 알지 못한 채 용어가 비슷하다는 이유로 함부로 토착화를 해선 안 됩니다. 반드시 양쪽 종교를 정확히 이해한 후에 시작해야 합니다.

이 시점에서 우리는 그리스도교, 특히 가톨릭교회가 말하는 '영성'이란 무엇인지 진지하게 생각해 볼 필요가 있습니다.

하느님과 나를 이어 주시는 분

그리스도교적인 관점에서 볼 때, '영성'은 그리스도교 신앙에 바탕을 둔 신앙생활, 더 구체적으로는 하느님과 신자 간의 관계를 바탕에 두고 있습니다. '영성spiritualitas'이란 말은 '영靈'을 의미하는 라틴어의 '스피리투스spiritus', 그리스어의 '프네우마pneuma'에서 유래합니다. 삼위일체 세 위격 가운데 한 분인 성령을 '거룩한 영', 즉 '스피리투스 쌍투스Spiritus Sanctus'라고 하는데, 여기서 영성이 성령과 연관되는 것을 엿볼 수 있습니다. 영성이 하느님과 신자의 관계와 연관된다고 할 때, 볼 수도 만질 수도 없는 하느님을 우리에게 계시해 주시는 분은 성자이십니다. 성자이신 예수 그리스도야말로 우리를 하느님과 연결해 주는 중심축이 되십니다.

신학적인 표현 중에 예수님은 두 개의 본성을 지니셨다는 말이 있습니다. 그 두 본성은 '신성神性'과 '인성人性'을 말합니다. 쉽게 풀어서 말하면, 예수님은 하느님이면서 동시에 인간이시라는 겁니다. 이 두 가지 차원은 예수님이라는 한 인격 안에서 온전히 일치하고 있습니다. 이는 하느님 편에서나 인간 편에서 특별한 의미를 지닙니다. 성부 하느님은 예수님을 통해 인류와 깊이 결합되며, 인류에게는 예수님을 통해 성부 하느님께로 나아갈 수 있는 길이 열렸습니다. 한마디로, 예수님은 하느님과 인간 사이의 다리 역할을 하시는 분입니다. 하느님과 인간의 관계는 예수님을 통해 이어지며, 예수님을 통해 발전하고 완성에 이르게 됩니다. 따라서 엄밀한 의미에서 그리스도교적인 영성은 예수 그리스도를 중심으로, 그분을 통해서 하느님께 이르는 여정과 연관된다고 하겠습니다.

고유한 사랑의 표현 방식

앞에서 살펴본 '영성'의 일반적인 의미를 전제로 하여, 보다 구체적이고 실질적인 의미에 대해 알아보겠습니다. 오래 전 로마에서 유학하던 시절, '영성 신학의 근본 주제들'이라는 과목을 들은 적이 있습니다. 명강의로 알려진

라우다치 교수 신부님의 강의인지라 전 세계에서 영성 신학 석·박사 과정을 밟기 위해 온 신부님, 수녀님들로 대강의실이 가득 차 있었습니다. 교수 신부님이 첫 강의를 시작하기에 앞서 저희에게 하신 질문이 있습니다. 그것은 "여러분은 영성을 뭐라고 생각하십니까?"였습니다. 저희는 나름대로 그럴싸한 대답을 했습니다. 하지만 주로 사전이나 영성 교과서 같은 데 나와 있는 표현만을 나열할 뿐, 100여 명이나 되는 신부, 수녀 가운데 교수 신부님이 의도하신 답을 말한 사람은 아무도 없었습니다. 결국 신부님은 저희의 대답을 종합하며 한마디를 덧붙이셨습니다. 영성은 하느님과 우리 사이의 관계성을 표현한 것으로서, 구체적으로는 우리 각자를 향한 하느님의 사랑에 대해 우리 각자가 그분께 드리는 고유한 사랑의 표현 방식이라고 말입니다.

예를 들어, 요즘 젊은이들의 표현처럼 '엄친딸'이 있다고 합시다. '엄친딸'은 '엄마 친구 딸'의 줄임말이라고 하죠. 엄마 친구의 딸들은 하나같이 똑똑하고 예쁘고 명문대에 다닌답니다. 그런 아가씨에게 반한 세 청년이 있습니다. 한 청년은 시인이고 다른 청년은 음악가이며 마지막 청년은 미술가입니다. 세 사람 모두 그 아가씨를 사랑했는데, 사랑을 표현하는 방식은 저마다 달랐습니다. 시인 청년은 동서고금의 주옥같은 시구詩句를 인용해 심금을 울리는 편지를 써서 사랑하는 마음을 전했습니다. 음악가 청년은 산책 중에 그녀를 생각하다가 떠오른 악상으로 세레나데를 작곡했습니다. 그리고 아가씨가 사는 집 창가에서 그 노래를 불러 주었습니다. 미술가 청년은 아가씨의 아름다운 모습을 초상화에 담아 선물했습니다.

하느님과의 관계로 상황을 바꿔 볼까요? 식당을 운영하는 A 신자는 너무 바빠서 주일 미사에 참례하는 것 외에 본당의 다른 활동에 참여해서 봉사하는 것은 엄두도 내지 못합니다. 그래서 안타까운 마음에 자신이 힘들여 번 돈 가운데 일정 금액을 가난하고 소외된 이들을 위해 기부했습니다. 그분은 마태오 복음 25장에 나오는 가난하고 소외된 이들을 돕는 것이 곧 나를 돕는 것이라는 주님의 말씀을 기억하며, 주위의 어려운 사람들을 도움으로써 하느님을 향한 사랑을 표현하고자 했습니다. 한편 B 신자는 음악에 남다른 재능이 있었습니다. 그는 본래 음악을 좋아한 데다 성악을 전공해 노래 하나는 자신이 있었습니다. 그래서 음악을 통해 주님께 영광을 드리기 위해 본당 성가대에 들어가 성가로 하느님에 대한 사랑을 표현했습니다. C 신자는 평소 성경에 관심이 있어 강의도 듣고 책도 많이 읽어 왔습니다. 본당에서 운영하는 성경 학교에도 나갔고, 졸업 후에는 다른 신자들에게 정기적으로 성경을 가르치며 하느님을 향한 사랑을 표현했습니다. 지금까지 말씀드린 세 신자분의 공통점은 뭘까요? 세 사람 모두 하느님을 깊이 사랑했습니다. 그러면 차이점은 뭘까요? 하느님을 향한 사랑의 표현 방식이 달랐습니다.

영성은 하느님의 사랑에 대해 나만이 표현할 수 있는 고유한 사랑의 방식, 고유한 사랑의 색깔을 뜻합니다. '나'라는 한 인격체는 이 세상에 유일무이한 존재입니다. 세상이 창조된 이래로 지금까지, 그리고 세상이 끝날 때까지, '나'라는 존재는 전에도 없었고 앞으로도 없을 겁니다. 물론 모습이 비슷할 수는 있지만, 그 사람이 '나'일 수는 없습니다. 우리는 태어난 곳도 다르고 자라 온 가정 환경도 다릅니다. 취향도, 교육 정도도, 하는 일도 다릅니다. 그리고 우리 각자가 걸어온 삶의 역사도 다릅니다. 이 모든 것은 다른 사람들과는 다른 독특한 나를 이루는 차별화된 요소입니다. 자신의 독특함을 바탕으로 하느님과 맺는 나만의 관계, 그리고 그 관계 안에서 나를 향한 하느님의 사랑에 나만의 방식으로 사랑을 표현하는 것, 그것이 바로 '영성'입니다.

그러므로 세례를 통해 하느님과 인격적인 관계를 시작한 우리 각자는 하느님에 대한 고유한 사랑의 방식을 갈고 닦아 고유한 사랑의 색깔을 곱게 만들어 가야 합니다. 그것이 바로 그 사람의 '영성'이며, 그 영성을 성숙시키는 과정을 '영성 생활'이라고 할 수 있습니다. 여러분이 세례를 받은 신자라면, 그리고 조금이라도 주님을 사랑한다면, 모두 각자의 영성을 갖고 있는 것입니다.

각자의 삶에서 찾는 영성의 길

우리는 성인전이나 영성 서적을 통해 하느님께로 나아가는 보편적인 길과 영성적인 원리에 대해 배울 수 있습니다. 하지만 우리가 프란치스코 성인이나 이냐시오 성인, 데레사 성녀, 아녜스 성녀가 될 수는 없습니다. 그리고 그렇게 되어서도 안 됩니다. 우리 각자는 자기 자신이 되어야 합니다. 그리고 자신만의 길을 걸어야 합니다. 그 길이 바로 우리 각자가 걸어야 할 영성의 길입니다. 교회 안에는 크게 사제, 수도자, 평신도라는 신분이 있습니다. 이것은 교회 직무에 따라, 구체적인 소명에 따라 나눈 것이지, 어느 신분이 더 우월하거나 열등하다는 것은 아닙니다.

교회 역사를 보면, 완덕의 관점에서 수도자가 제일 낫고, 그 다음이 사제, 마지막이 평신도라는 인식이 있어 왔습니다. 또는 교회 직무의 관점에서 사제가 제일 상석에 있고, 그 다음이 수도자, 마지막 자리에 평신도가 있다는 식으로도 말해 왔습니다. 이는 각각의 신분이 갖는 고유한 영성의 가치를 잘 이해하지 못한 분류법으로, 제2차 바티칸 공의회를 통해 극복되었습니다. 교회는 결코 평신도들이 제일 아래 있는 계급이나 신분이라고 폄하하지 않습니다. 오히려 평신도들이 갖는 공통 사제직의 중요성을 강조하며 그 소중한 품위를 일깨워 주고 있습니다.

교회는 모든 신자가 세례를 받는 순간부터 그리스도와 마찬가지로 인류의 구원을 위해 자신과 세상을 봉헌하는 사제의 품위를 갖는다고 가르칩니다. 평신도는 성사를 집전하고 미사를 봉헌하는 사제와 '직무적인' 면에서 다른 것입니다. 그러므로 평신도는 사제가 하는 일을 하지 못하기 때문에 하층민이라고 폄하하는 것은 아주 잘못된 사고방식입니다. 교회는 사제와 수도자가 할 수 없는 평신도의 고유한 역할에 주목합니다. 즉 가정과 직장의 세속적인 일을 복음의 누룩으로 변화시키는 '세속적 특성'에 주목하여 그 고귀한 소명과 가치를 되새겨 줍니다.

수도자를 예로 들어 볼까요? 신분의 관점에서 보면, 수도자들은 사제와 평신도라는 두 그룹의 사람들로 구성되어 있습니다. 수도자 중에는 사제의 직무를 수행하는 '수도 사제'가 있고, 사제직을 수행하지 않는 '평수사'가 있습니다. 수도자는 무엇보다 완덕에 이르기 위해 그리스도교적인 의미의 '도道'를 닦는 사람입니다. 복음서에 보면 예수님은 열두 제자를 비롯해 당신을 따르는 광범위한 제자들에게 다음과 같은 권고 사항을 종종 말씀하셨습니다. 예컨대, 하늘나라를 위해 독신으로 사는 것과 같은 권고 사항은 해도 되고 안 해도 되는 일종의 '옵션'이라고 말입니다. 예수님은 그런 옵션이 하늘나라에 이르는 데 필수적인 사항은 아니지만, 권고를 잘 지키면 더 효과적으로 하늘나라에 이를 수 있다고 하셨습니다. 수도자들은 이 권고 사항을 자발적으로 받아들여 열심히 살아감으로써 더욱더 완덕에 나아가고자 하는 사람들입니다. 그래서 제2차 바티칸 공의회는 수도자들을 "교회의 생명과 성덕을 책임진 구성원"이라고 격찬하며 그들이 수행하는 소명의 중요성을 일깨워 주었습니다.

또한 교회에는 '사제'라는 핵심적인 신분이 있습니다. 사제직에 대해서는 이 글을 읽고 계신 독자들을 비롯해 많은 신자분이 이미 잘 아시리라 생각합니다. 사제가 있는 곳에 교회가 있다고 할 만큼 가톨릭교회에서 사제는 핵심적인 위치를 차지하고 있습니다. 신부님이 있어야 미사도 봉헌할 수 있고 고해성사도 볼 수 있습니다. 신부님이 없으면 각 지역 본당의 많은 일이 제대로 돌아가지 못합니다. 이런 관점에서 보면 사제가 최고인 것만 같습니다. 하지만 오래 전부터 교회는 사제보다 주교에게 더 큰 힘을 실어 주었습니다. 예수님 시대 이후부터 제자들 그리고 그 제자들의 제자들로 이어져 이천 년이 지난 지금까지도 교회가 변함없이 정통 신앙과 보편성, 단일성을 이어 온 것은 열두 제자를 계승한 주교와 그 주교의 후계자들 덕분입니다. 이것을 좀 전문적인 용어로 표현하면 '사도 계승'이라고 합니다. 사도 계승 덕분에 교회는 이천 년이 지난 지금도 변함없이 정통 신앙을 간직한 채 건재하고 있는 것입니다. 그래서 역사적으로 보면 사제직보다는 주로 주교직을 더 강조하며 그 중요성을 부각시켜 왔으며, 사제직은 주교직보다 하위 계급의 성직자라는 위계질서적인 이해가 팽배했던 것이 사실입니다. 물론 이러한 이해 방식이 아주 틀린 것은 아니지만 모든 이를 섬기기 위해 오신 예수님의 말씀에 비춰 보면 세속적인 위계질서만으로 성직자들을 이해하는 것은 무리가 있습니다.

영성적인 면에서 보더라도, 교구 사제의 고유한 영성은 존재하지 않으며 그가 완덕에 나아가려면 수도자처럼 살아야 한다는 사고방식이 오랫동안 널리 퍼져 있었습니다. 완덕에 나아가기 위해 수도자들이 하는 고행이나 수덕 생활 그리고 엄격한 기도 생활에 정진해야 한다는 천편일률적인 영성 개념이 교회 역사 내내 전해 온 것입니다. 상황이 이렇다 보니 교구 사제는 수도원 담장 안에 사는 수도자들이 도달하기 위해 노력하는 완덕에 대한 소명을 면제받았다는 식의 정반대 입장도 있었습니다. 쉽게 말해, 교구 사제는 완덕에 나아갈 필요 없이 자신에게 맡겨진 양 떼를 잘 사목하기만 하면 그것으로 모든 의무를 다한 것이라는 잘못된 편견이 있었던 겁니다.

그러나 20세기에 들어와 많은 영성 신학자가 교구 사제의 영성이 지닌 독특한 요소를 깊이 있게 성찰하기 시작하면서 주교, 수도자, 평신도와는 구별되는 고유한 영성이 있음을 발견하게 됩니다. 교구 사제에게는 주교, 수도자, 평신도와 구별되는 고유한 삶의 자리가 있고, 고유한 직무가 있으며 사제는 이를 통해 성화의 길로 초대받습니다. 특히 사제는 자신에게 맡겨진 양 떼를 통해 사목적인 애덕을 실천하고, 이를 통해 영적인 부성父性을 성숙시켜 나가야 합니다. 또한 '순명'을 통해 자신에게 사제 직무를 나눠 준 주교와 일치하는 가운데, 대사제이신 그리스도와 깊이 일치함으로써 성성聖性에 나아갈 수 있습니다.

무지갯빛 영성

이처럼 사제, 수도자, 평신도는 각자 고유한 영성의 길을 통해 하느님께 나아가도록 부름받았습니다. 하느님께서 보시기에 교회의 모든 구성원은 하나같이 소중합니다. 모두가 당신의 귀한 자녀들이기 때문입니다. 또한 각자의 모습대로 주님을 찬양하고 사랑하는 길로 부르고 계십니다. 그 길이 바로 영성의 길이고, 그리스도교적인 의미의 도道를 닦는 길입니다.

여러분에게는 영성이 있나요? 물론 있습니다. 여러분은 이미 세례를 통해 하느님과 인격적인 관계를 맺었기 때문입니다. 하느님은 세례로써 여러분을 아무 조건 없이 당신의 자녀로 삼아 주셨습니다. 여러분은 이를 통해 하느님을 창조주이자 삶의 궁극적인 목적으로, 유일한 사랑이자 삶의 가치로, 인생의 주인이자 아버지로 받아들이며 그분께 사랑을 고백했습니다. 이 고백을 통해 하느님께서 맺어 주신 사랑의 관계에 응답하기 시작한 것입니다. 단, 조건이 있습니다. '각자의 방식으로' 응답하는 것입니다.

여러분은 각자 걸어 온 삶의 역사와 기질대로, 각자의 방식으로 하느님께 응답을 드리기 시작했습니다. 세례를 통해 영성의 길에 첫 발을 내딛은 우리는 주님과 사랑의 관계를 완성하도록 초대받은 소중한 존재들입니다.

앞서 교회의 대표적인 영성을 특징짓는 그룹으로 사제, 수도자, 평신도에 대해 설명했습니다. 영성을 각자의 고유한 사랑의 색깔이라고 할 때, 각 그룹 내에서도 색깔이 천양지차입니다.

먼저, 사제의 영성을 살펴보겠습니다. 보통 신부님들이 입는 클레지망이나 수단은 '검은색'입니다. 쉽게 말해 신부님들의 영성을 특징짓는 색깔은 검은 색이라고 할 수 있습니다. 그런데 신부님들의 내면을 가만히 살펴보면 비슷하면서도 서로 다릅니다. 여러분이 주로 접하는 신부님은 주일 미사에서 뵙는 본당 신부님일 것입니다. 교구 사제가 하는 대표적인 사목 활동 역시 지역 본당의 주임 사제로서 자신에게 맡겨진 신자들을 사목하는 일입니다. 본당 신부님은 신자들을 위해 매일 미사를 봉헌하고 고해성사를 비롯해 세례, 견진, 병자, 혼인성사를 집전하는 가운데 하느님의 은총을 신자들에게 전해 줍니다. 그런가 하면 병원에서 사목하는 신부님, 소위 '원목 신부님'도 적지 않습니다. 원목 신부님은 여러 병원에서 활동하면서 병자들을 격려해 주고 중병에 걸려 위독한 신자들을 위해 병자성사를 줄 뿐만 아니라 안타깝게 세상을 떠난 신자들을 위해 장례 미사를 봉헌해 줍니다. 이 밖에도 군종 신부가 되어서 장병들을 위해 사목하는 분도 많습니다. 신학 대학에 계시는 교수 신부님들은 장차 사제가 될 신학생들의 영적 지도와 강의를 전담하기도 하고, 교회 학문의 초석을 놓기 위해 저술·번역 활동을 하기도 합니다. 그리고 선교사가 되어 아프리카, 남미, 동남아시아 등 아직 가톨릭 신앙이 많이 전파되지 않았거나 사제가 부족한 나라에 가서 목숨을 걸고 복음을 전하는 분들도 많습니다.

  이처럼 교구 사제의 바탕색은 '검은색'이지만, 신부님마다 사제직을 실현해 나가는 구체적인 색깔은 모두 다릅니다. 각 사제의 다양한 능력과 사제직에 대한 해석, 살아가는 방식, 각자의 고유한 성격과 가치관 등이 작용해서 이루어 낸 개별 영성이 바로 그 '검은색'과 함께 배합되기 때문입니다. 그러므로 각 사제가 구현하는 고유한 영성은 모든 교구 사제에게 공통된 바탕색인 검은색과 개별 영성을 드러내는 노랑, 빨강, 파랑 등 각자의 고유한 색깔이 어우러진 독특하고 아름다우면서도 차별화된 색깔이라고 할 수 있습니다.

수도자 역시 마찬가지입니다. 여러분이 본당에서 만날 수 있는 수도자는 수녀님, 수사님처럼 본당 사목을 하는 수도자들이 일반적이긴 하지만, 병원에 가도 적지 않은 수녀님들을 만나게 됩니다. 이분들을 원목 수녀님이라고 하는데, 원목 신부님을 도와 병자들을 위로하고, 임종을 준비하는 신자들을 동반하는 소중한 소임을 맡고 계십니다. 또한 중·고등학교에서 학생을 가르치는 선생 수녀님도 계시고, 드물게 신학교에서 신학생을 가르치는 학자 수녀님도 계십니다. 군대에서 군종 신부님을 도와 사목하는 수녀님, 고아원, 양로원, 미혼모 시설 등 여러 사회 복지 시설에서 봉사하며 세상의 빛과 소금이 되는 수녀님들도 계십니다. 그 밖에도 큰 수도원이나 수녀원에서 기도와 노동, 영성 생활에 투신하며 완덕으로 나아가기 위해 정진하는, 전통적인 의미의 수도자들도 많습니다. 불교로 치면 산골짜기 암자에 틀어박혀서 면벽 수행을 하는 선승禪僧 같은 수도자들입니다. 그러므로 이들 역시 '수도자'라는 기본 배경색에 구체적인 사도직과 관상 생활이 더해져 고유하고 아름다운 색채를 이루게 됩니다.

수도자들은 기본적으로 자신이 속한 수도회의 영성을, 더 구체적으로는 그 수도회를 설립한 창립자의 영성을 가장 근본적인 배경색으로 갖고 있습니다. 이 배경색은 창립자가 어떤 영성의 색깔을 기준점으로 세웠는가에 따라 빨간색, 파란색, 노란색, 갈색, 하얀색 등으로 아주 다양합니다. 예컨대, 제가 속한 가르멜 수도회를 대표하는 영성은 '짙은 갈색'입니다. 가르멜 수사님, 수녀님은 모두 짙은 갈색 천으로 만든 수도복을 입고 평생을 살아가지만, 도미니코회를 보면 전혀 다른 '하얀색' 수도복을 입습니다.

이처럼 각 수도회에는 자신들만의 독특한 영성을 표현하는 고유한 색깔이 있습니다. 여담이지만 저는 하얀 수도복을 입고 살지 않는 게 천만 다행입니다. 왜냐고요? 하얀 수도복은 하루가 멀다 하고 쉽게 더러워져 자주 빨래를 해야 하기 때문입니다. 평생을 그렇게 살기에는 많이 번거로울 것 같습니다. 그래서 저는 짙은 갈색인 제 수도복을 사랑합니다. 물론 그 이유 이상으로 예수의 데레사 성녀가 가르멜 회원들에게 물려준 귀한 영성적 가르침을 사랑합니다.

평신도 영성에 대해서도 살펴볼까요? 평신도 영성은 참으로 많은 색깔을 품고 있기에 '무지개 색'이라고 표현하고 싶습니다. 일곱 가지 무지개 색은 서로 조합을 이뤄 무궁무진한 색채를 만들어 내기 때문입니다. 평신도들이 살아가는 자리는 소위 '세속'입니다. 여기에는 가정과 직장을 비롯해 사람이 활동하는 문화, 예술, 정치, 경제 등 여러 범주가 속합니다. 평신도들은 이처럼 다양한 자리에서 복음의 정신으로 무장하고 살아가며 세상 곳곳을 하느님 나라로 변화시킵니다. 이것이 바로 평신도들이 받은 소명입니다. 그들은 이 소명을 수행하는 가운데 자신의 영성을 계발해 나가게 됩니다. 그러기에 각각의 평신도가 속해 있는 자리가 어디이며, 복음을 증거하고 선포하는 방식이 어떠한지에 따라 천차만별의 영성이 생겨나게 됩니다. 그리하여 무지개 색이라는 평신도 영성의 바탕색에 각자가 구현하고자 하는 개별 영성이 더해져 독특하고도 아름다운 평신도 영성의 색채가 나타나는 것입니다.

이렇듯 우리는 각자의 신분이 지닌 바탕색에 개별적인 색채를 가미해 고유한 영성의 색깔을 구현해야 합니다. 그것이 바로, 나 자신만이 갈 수 있는 고유한 영성의 길입니다. 하느님께서 씨앗처럼 선물로 주신 내 존재의 고유함, 고귀함을 발견하고 이를 실현시키는 가운데 진정한 내가 되는 것, 그것이 곧 영성입니다. 하느님께서 내게 주신 고유한 가치를 발견할 때 나는 나로서 풍요롭고 평안해집니다. 하느님은 나를 다른 사람과는 전혀 다른 고유한 존재로 이 땅에 존재케 하셨습니다. 그 무엇과도 비교할 수 없는 고유한 사랑으로 나를 사랑하셨고 지금도 사랑하고 계십니다. 그 유일무이한 사랑이 세상에 가시적으로 드러난 사건이 다름 아닌 '나'라는 존재입니다. 하느님께서 선물로 주신 내 존재의 소중함을 깨달을 때, 비로소 나를 다른 사람들과 비교하는 것을 멈추게 됩니다.

모든 사물의 존재 근거를 규명하는 존재론이나 형이상

학에서는 존재의 최종 원인이자 근거이신 하느님과 피조물의 관계를 '분유分有'라는 개념으로 설명합니다. 이 개념에 따르면, 세상의 모든 존재는 존재의 근원이신 하느님으로부터 무상으로 존재를 나누어 받아 이 세상에 존재한다고 합니다. 그리고 나누어 받은 존재를 통해 존재의 근원이신 하느님과 관계를 맺는다고 합니다. 달리 말해, 세상에 존재하는 모든 피조물은 각자의 고유한 모습으로 존재 가치에 참여함으로써 하느님으로부터 선물 받은 존재를 고유하게 표현하고 있으며, 그 모습을 통해 존재의 근원이신 하느님과 고유한 관계를 맺고 있는 것입니다.

그런데 창세기 1장 26절에 따르면, 인간은 '하느님의 모상'대로 창조되었다고 합니다. 이는 인간이 다른 피조물들과 달리 하느님을 본질적으로 닮은 존재로서, 그분으로부터 존재를 나눠 받되, 각자 고유하게 하느님의 모습을 드러내고 있다는 말입니다. 마치 하나의 모자이크를 이루는 수많은 조각이 각각 유일한 가치를 지니듯이 우리 한 사람 한 사람은 유일무이한 인격성과 존재 자체로 하느님의 아름다움을 드러내고 있는 겁니다. 물론 모든 피조물이 하느님께 존재를 나눠 받아 그분의 아름다움을 드러내고 있지만, 하느님을 본질적으로 닮은 인간이야말로 여타 피조물에 비할 바 없이 하느님의 아름다움과 영광을 드러내는 존재라고 할 수 있습니다.

인간은 하느님의 사랑에 응답하는 가운데 그분과의 관계를 완성해 나갈 때, 더욱 더 충만하게 하느님의 아름다움과 영광을 드러내게 될 것입니다. 그런데 하느님께 받은 소중한 품위를 깨닫지 못하고 자기가 아닌 다른 존재가 되려 하는 사람들이 많습니다. 짐승이나 나무, 하다못해 들판에 핀 꽃만 보아도 지극히 자신의 존재에 충실하며 자기 존재를 한껏 자랑스러워하고 있습니다. 오직 사람만이 자신에게 불만족하며 남의 것을 탐내고 시기, 질투를 일삼습니다.

행복은 멀리 있지 않습니다. 행복은 내가 자리한 곳, 다시 말해 자기 존재 안에 있습니다. 하느님께서 우리 존재 안에 심어 주신 당신을 닮은 모습을 완성시켜 나갈 때 인간은 진정 행복할 수 있습니다. 우리 존재의 근원이자 궁극적인 목적이신 하느님 안에서 내가 실현되고 완성된다는 것은 하느님께서 선사하신 고유한 나 자신이 되어 가는 것을 의미합니다. 또한 세례를 통해 하느님께서 주신 사랑, 하느님께서 건네신 관계를 받아들이고 응답하는 것을 의미합니다.

너는 내게 무척 소중하단다

여러분에게 '펀치넬로'라는 제목의 어른 동화 한 편을 소개할까 합니다. 이 짧은 동화는 영성이 무엇인지 묵상하게 하는 좋은 화두를 담고 있습니다.

나무로 만든 작은 사람인 '웸믹'들이 사는 세계에 '펀치넬로'라는 이름의 웸믹이 있었습니다. 그들은 모두 '엘리'라는 목수가 만들었지만 모습은 제각각이었습니다. 코가 아주 높거나 눈이 큰 웸믹이 있는가 하면, 키가 크거나 작은 웸믹, 모자를 쓰거나 외투를 입은 웸믹도 있었습니다.
웸믹들은 금빛 별표가 든 상자와 잿빛 점표가 든 상자

를 들고 마을 구석구석을 돌아다니며 하루를 보냈습니다. 그러다 다른 웸믹을 만나면 찬사를 의미하는 금빛 별표나 비난을 의미하는 잿빛 점표를 서로 붙여 주었습니다. 나뭇결이 매끄럽고 색이 잘 칠해진 웸믹, 능력이 뛰어난 웸믹은 항상 별표를 받았고, 나뭇결이 거칠고 칠이 벗겨진 웸믹은 늘 잿빛 점표를 받았습니다.

  별다른 재주가 없는 웸믹은 언제나 잿빛 점표를 받곤 했는데, 펀치넬로도 그중 하나였습니다. 다른 웸믹들은 그에게 점표를 붙이며 "펀치넬로는 좋은 웸믹이 아니야."라며 비난하곤 했습니다. 그러다 보니 펀치넬로도 스스로가 좋은 웸믹이 아니라고 생각하게 됐습니다. 점표를 더 받을까 봐 두려웠던 펀치넬로는 외출도 하지 않고 한동안 집에서만 지냈습니다.

  그러던 어느 날, 펀치넬로는 오랜만에 외출을 했다가 루시아라는 친구를 알게 됐습니다. 그런데 루시아의 몸에는 금빛 별표도 잿빛 점표도 없었습니다. 루시아에게도 웸믹들이 표를 붙이곤 했지만 별표도 점표도 이내 떨어졌다고 했습니다. 펀치넬로는 그 비결이 무엇인지 물어보았습니다. 비결은 바로, 매일 엘리 아저씨를 만나러 가는 것이었습니다.

펀치넬로는 다음날 엘리 아저씨를 찾아갔습니다. 대문 앞에서 머뭇거리고 있을 때 다정하게 이름을 부르는 아저씨의 목소리가 들렸습니다. "펀치넬로야!" 엘리 아저씨는 몸집이 아주 컸고 얼굴엔 수염이 덥수룩했습니다. 펀치넬로가 "저를 아세요?"라고 묻자, 엘리 아저씨가 대답했습니다. "물론이지, 내가 널 만들었는걸! 흠…… 그런데 나쁜 표를 많이 받았구나." 펀치넬로는 속상해하며 말했습니다. "저도 이런 표를 받고 싶진 않았어요. 정말 열심히 노력했는데……" 그러자 엘리 아저씨는 "얘야, 변명할 필요는 없단다. 나는 다른 웸믹들이 널 어떻게 생각하는지 상관하지 않아. 누가 너에게 별표나 점표를 붙이는 거지? 그들도 너와 똑같은 웸믹일 뿐이란다."라며 격려해 주었습니다. 그리고는 "펀치넬로야, 남들이 어떻게 생각하느냐가 아니라 내가 어떻게 생각하느냐가 중요하단다. 난 네가 아주 특별하다고 생각해."라고 말했습니다. 그러자 펀치넬로는 깜짝 놀라며 "제가 특별하다고요? 저는 빨리 걷지도 못하고 높이 뛰지도 못하고 여기저기 칠도 벗겨져 있는데, 왜 당신에게 특별하죠?"라고 물었습니다. 엘리 아저씨는 펀치넬로를 사랑스럽게 내려다보며 말했습니다. "왜냐하면, 내가 널 만들었기 때문이지. 너는 내게 무척 소중하단다."

하지만 아직 의문이 풀리지 않은 펀치넬로가 다시 물었습니다. "어째서 루시아의 몸에는 표가 붙어 있지 않나요?" 아저씨는 이렇게 대답했습니다. "루시아는 남들이 어떻게 생각하느냐보다 내가 어떻게 생각하느냐가 더 중요하다고 마음먹었기 때문이란다. 그 표는 네가 붙어 있게 하기 때문에 붙는 거란다. 다시 말해 네가 그것을 중요하게 생각할 때만 붙는 거지. 네가 나의 사랑을 깊이 신뢰하면 할수록 너는 그 표에 신경을 덜 쓰게 될 거야."

엘리 아저씨는 펀치넬로의 몸에 붙어 있는 수많은 점 표를 보며 이제부터 날마다 자신을 찾아오라고 했습니다. 그러면 아저씨가 펀치넬로를 얼마나 소중하게 여기는지 알게 된다고 말입니다. "기억하렴. 내가 너를 만들었고, 넌 아주 특별하단다. 나는 결코 좋지 못한 웸믹을 만든 적이 없다는 것을 명심하렴." 펀치넬로는 집으로 돌아가면서 이렇게 생각했습니다. '아저씨 말이 맞을지도 몰라.' 바로 그 순간, 펀치넬로의 몸에서 잿빛 점표 하나가 땅으로 떨어졌습니다.

쉽고 단순한 이야기지만 우리 존재의 근원이 어디에서 유래하며 우리 존재가 지닌 근본적인 자존감이 무엇인지 발견하게 해 주는 좋은 동화가 아닐 수 없습니다. 여기서 말하는 웸믹들의 사회는 우리 인간을 풍자한 비유입니다. 우리가 일상에서 가장 많이 하는 일 가운데 하나가 다른 사람을 평가하는 일일 것입니다. 누구는 예뻐서, 누구는 학벌이 좋아서, 누구는 좋은 직장에 다녀서 칭찬하고 누구는 그렇지 못해서 비난하고 심지어 따돌리기까지 합니다. 외모, 학벌, 직업과 같은 것은 우리가 잠시 가졌다가 놓을 수밖에 없는 것들이며, 죽음 앞에서는 정말이지 아무 의미도 없는 것에 불과합니다. 우리의 존재 가치가 잠시 갖고 마는 외적인 것과 남들의 찬사나 비난에 좌우된다면 얼마나 서글플까요. 남들이 두드리는 장단에 맞춰 기뻐하고 슬퍼하며 춤추는 것은 무게 중심을 내가 아닌 남에게 두기 때문이며, 우연히 주어졌다 사라지고 마는 외적인 요소에 두기 때문입니다.

점표를 많이 받은 펀치넬로와 달리 루시아에게는 별표도 점표도 없었습니다. 비결을 물어보는 펀치넬로에게 루시아는 이렇게 말합니다. "난 매일 엘리 아저씨를 만나러 가는 것뿐이야. 난 아저씨와 함께 있다 오곤 해." 우리를 만든 엘리 아저씨는 누구일까요? 바로 하느님이십니다. 엘리 아저씨의 이야기를 통해 자신의 진정한 가치와 자존감을 발견할 수 있었던 펀치넬로처럼, 우리 또한 하느님의 사랑 가득한 눈길을 느끼며 우주에서 유일무이한 특별한 존재로 나를 만드셨음을 깨달을 수 있습니다.

나는 나이기 때문에 특별합니다. 특별함에는 어떤 자격도 필요 없습니다. 단지 나라는 이유만으로 충분히 사랑받을 가치가 있습니다. 영성 생활은 이렇듯 온 우주에서 유일무이한 존재로 나를 창조하신 하느님의 사랑에 나만의 고유한 방식으로 응답해 가는 역사입니다. 그것은 곧 하느님 안에서 진정한 나, 참된 나를 발견해 가는 역사이기도 합니다.

앞에서 말했듯이 세례를 통해 영적 여정을 시작한 우리 각자는 결코 프란치스코 성인이나 데레사 성녀가 되어서는 안 됩니다. 그분들에게 배울 것은 천상을 향해 나아가는 과정에서 우리에게 가르쳐 준 보편적인 영성의 원리이지, 그분들이 간 길을 그대로 가라는 것이 아닙니다. 각 성인은 고유한 인격, 기질과 성격, 삶의 자리를 바탕으로 천상을 향한 자신만의 길을 찾았습니다. 우리도 각자의 길을 찾아야 합니다. 그 길은 하느님께서 영원으로부터 미리 준비하신 여러분 각자를 향한 원대한 계획이 실현되는 길이자, 이승의 삶을 마치고 천상에서 하느님 곁에 머무를 여러분의 고유한 모습을 만들어 가는 길입니다.

영성에 대한 공부는 이론뿐만 아니라 삶의 실천을 전제로 합니다. 실제로 매일 영적인 여정을 걷는 사람이라야 그 공부가 의미 있고 도움이 됩니다. 그러니 영성을 단지 머리로만 이해하지 마시고 가슴으로 받아들여 삶 속에서 구체화하시길 바랍니다. 그렇게 여러분만의 고유한 영성을 계발하고 성숙해 나가기를 진심으로 바랍니다.

너희는 나를 누구라고 하느냐?

지금까지 우리는 영성이 무엇인지 살펴보았습니다. 영성은 볼 수도 없고 만질 수도 없는 하느님을 우리에게 계시해 주신 예수 그리스도를 통해서 이루어집니다. 하느님이자 동시에 인간이신 예수 그리스도야말로 하느님을 계시하신 분이고 인류 구원을 이루신 당사자이기 때문입니다. 그러므로 하느님에 대한 사랑의 응답은 구체적으로 그리스도를 향해야 합니다. 우리는 그리스도를 통해서 하느님께로 나아갈 수 있습니다. 이 때문에 영성을 완성해 나가는 여정, 즉 영성 생활에서 가장 중요한 요소는 '그리스도와의 인격적인 관계'라고 할 수 있습니다. 바로 여기에 영성 생활의 진보 여부가 달려 있습니다. 우리는 먼저 예수님께서 제자들에게 하신 "너희는 나를 누구라고 하느냐?"(마태 16,15)라는 물음에 대답을 해야 합니다.

앞서 잠시 말씀드렸듯이, 우리는 세례를 통해 하느님의 자녀로 거듭나게 됩니다. 이와 동시에 성자 그리스도께서 누리는 하느님 아버지의 자녀로서의 품위에 참여하며, 바오로 사도의 말씀처럼 그분과 더불어 하느님 아버지의 공동 상속자가 됩니다. 이렇게 하느님의 자녀가 된 사람 안에는 삼위일체 하느님께서 사시며, 그분은 우리와 인격적인 관계를 발전시켜 가십니다.

이러한 영적 여정은 그리스도께서 인류를 위해 수난하고 돌아가심으로써 이루신 그분의 공로에 힘입어 우리가 의롭게 됨으로써 시작됩니다. 더 나아가 우리가 천상 본향을 향해 걷는 구체적인 여정 또한, 참된 인간의 모습뿐만 아니라 하느님과의 사랑의 합일을 향한 길을 계시하신 그리스도의 뒤를 따르며 그분을 닮아 가는 것입니다. 인간이 죄인에서 의인으로 거듭나는 '의화', 거룩하신 하느님을 닮아 가는 '성화', 그리고 성화 과정의 절정인 '하느님과의 사랑의 합일'은 하느님과 인류를 잇는 다리이신 그리스도를 통해서, 그리스도 안에서 실현됩니다.

그러므로 영성 생활은 우리가 그리스도와 어떤 관계를 맺고 그 관계를 어떻게 발전시켜 가는가 하는 문제와 직결된다고 할 수 있습니다. 결국 그리스도교 영성은 '그리스도와의 인격적 관계성'을 우리 각자의 삶에서 얼마나 잘 구현해 내는가 하는 문제로 집약됩니다.

이 관점에서 볼 때, 영성 생활에서 자주 회자되는 두 가지 주제가 있습니다. '그리스도를 따름'과 '그리스도를 닮음'이 그것입니다. 영성 생활이 그리스도와의 관계 맺음과 연관된다면, 영성 생활의 진보는 우리가 얼마나 그리스도를 닮아 가는가, 얼마나 그리스도를 잘 따르는가 하는 데 달려 있습니다. 제2차 바티칸 공의회 역시 이 점을 언급했습니다. 《사목 헌장》(기쁨과 희망: Gaudium et Spes) 22항에서는 모든 사람에게 근본적으로 단 하나의 영성이 있으며, 그것은 그리스도의 신비에 참여하는 데 있다고 가르칩니다.

"실제로, 사람이 되신 말씀의 신비 안에서만 참으로 인간의 신비가 밝혀진다. …… 새 아담 그리스도께서는 …… 인간을 바로 인간에게 완전히 드러내 보여 주시고 인간에게 그 지고의 소명을 밝혀 주신다. …… 분명히 수많은 환난 가운데에서 악을 거슬러 싸우고 죽음까지도 겪어야 할 필요와 의무가 그리스도인을 재촉하고 있다. 그러나 그리스도인은 파스카 신비에 결합되고 그리스도의 죽음에 동화되어 부활을 향한 희망으로 힘차게 나아갈 것이다."

  그러므로 세례를 통해 영적 여정에 들어온 여러분은 예수님과의 관계에 대해 자주 성찰하고 되짚어 봐야 합니다. 그리스도교 신앙의 핵심은 '예수 그리스도'입니다. 우리가 주일 미사 때마다 고백하는 사도신경에서도 예수 그리스도에 대한 부분이 주를 이룹니다. 신·구약 성경을 비롯해 가톨릭교회 교리서가 가르치는 내용을 한마디로 요약한다면 역시 '예수 그리스도'입니다. 그래서 성인, 성녀가 되는 데에는 사실, 예수님을 전해 주는 성경 한 권과 그 진리를 풀어서 설명해 주는 교회 교도권의 가르침이 담긴 교리서 한 권만 있으면 충분합니다. 성인이 되는 데에는 거창한 지식이나 초자연적 체험이 필요치 않습니다. 신심 깊은 겸손한 촌부村夫가 신학자보다 훨씬 더 하느님께 가까이 갈 수 있는 것입니다.

  성성聖性을 향한 길은 여러분 가까이, 아니 여러분 안에 이미 씨앗처럼 담겨 있습니다. 여러분의 영혼 깊은 곳에 이미 살고 계시는 주님을 느끼고 바라보시기 바랍니다. 그리고 틈날 때마다 성경을 펼쳐서 예수님의 일생을 묵상하며 그분이 하신 말씀을 되새기는 가운데 실천하시기 바랍니다. 우리가 일생을 통해 궁구窮究해야 할 일은 예수님을 알고 사랑하고 전하는 일입니다. 그러므로 《준주성범》 1권 1장 1절의 말씀은 우리 마음에 새겨야 할 신앙생활의 규범이 아닐까 싶습니다.

"'나를 따라오는 이는 어둠 속을 걷지 않고 생명의 빛을 얻을 것'(요한 8,12)이라고 주님께서 말씀하셨다. 이는 우리에게 깨우침을 주시는 그리스도의 말씀이다. 우리가 진정으로 광명을 받아 깨닫고 마음의 눈이 멀지 않으려면 그리스도의 삶과 행실을 본받아야 한다. 그러므로 예수 그리스도의 일생을 묵상하는 것이야말로 우리에게는 가장 중요한 과제다."[1]

---

1 토마스 아 켐피스, 《준주성범》, 가톨릭출판사, 2011.

"내 연인의 소리!

보셔요, 그이가 오잖아요.

산을 뛰어오르고

언덕을 뛰어넘어 오잖아요.

나의 연인은

노루나 젊은 사슴 같답니다.

보셔요, 그이가 우리 집 담장 앞에 서서

창틈으로 기웃거리고

창살 틈으로 들여다본답니다."(아가 2,8-9)

3.

신학의 꽃,
영성 신학

영성은 그리스도를 통해 드러난 하느님의 사랑에 대해 우리 각자가 드리는 고유한 사랑의 표현이자 색깔이며, 영성 생활은 이를 갈고 닦아 나가는 삶을 말합니다. 그리고 이를 체계적으로 성찰하는 가운데 영성 생활을 지배하는 주요 원리를 일반화하여 객관적인 개념으로 표현하는 학문을 '영성 신학'이라고 합니다.

'영성 신학'이라는 말은 그동안 다양한 이름으로 불려 왔습니다. 어떤 사람은 단순하게 '영성'이라 부르기도 하고, 어떤 사람은 영성 생활, 신심 생활, 초자연적 생활, 내적 생활, 신비적 수련, 그리고 그리스도교적인 완덕의 신학이라 부르기도 했습니다. 그중 가장 많이 사용되어 왔고 지금도 자주 사용되는 말로 '수덕 신비 신학'을 꼽을 수 있습니다. 수덕 신비 신학은 다음 두 가지 분야를 포함합니다. '수덕 신학修德神學'과 '신비 신학神祕神學'이 그것입니다. 제2차 바티칸 공의회 전까지 이 용어가 오랫동안 널리 사용되다가 '영성 신학'이 이를 대체·계승했으므로, 영성 신학을 이해하려면 먼저 수덕 신비 신학에 대해 알아야 합니다.

수덕 신학의 시작

'수덕(修德, ascetica)'이란 말은 본래 '어떤 기술, 특히 운동 기술을 숙달하기 위해 연습하고 훈련한다'는 뜻의 '아스케인askeein'이란 그리스어에서 유래합니다. 이 말이 '철학적인 연구'나 '덕행 실천'과 같은 의미를 지니게 되면서 그리스 철학자들이 자주 사용했다고 합니다.

그 후, 이 말이 그리스도교로 넘어오면서 토착화 과정을 거치게 되는데, 이 말을 가장 먼저 사용한 그리스도교

저술가는 바오로 사도였습니다. 그는 사도행전 24장 16절에서 다음과 같이 말했습니다. "나 또한 하느님과 사람들 앞에서 언제나 거리낌 없는 양심을 간직하려고 애를 씁니다." 그는 그리스도교 생활의 실천을 운동하는 사람의 훈련에 자주 비유해서 설명하곤 했습니다(1코린 9,24-27; 필리 3,13-14; 2티모 4,7 등).

그 후, 초대 교회 신자들 사이에서 '아스케인'이란 말에 어원을 둔 '고행자들'이라는 말이 사용되었는데, 이는 정결 서원을 하고 동정을 지키는 금욕자들을 뜻했습니다. 이 말이 역사를 거치면서 수도 생활의 수련에 적용되다가 비로소 교회에 정착된 것은 1655년 폴란드의 프란치스코 회원인 도브로시엘스키 신부가 '아세티카ascetica'라는 라틴말을 쓰면서부터입니다. 그리고 그로부터 약 100년 후인 1752년에 이탈리아의 예수회 신부인 스카라멜리가 이 말을 그동안 사용되어 오던 '미스티카mistica'라는 말과 구별해서 사용하면서 '아세티카' 즉 '수덕'이란 말은 인간의 노력을 통해 영적으로 진보하는 단계를 일컫는 말로 쓰이게 됩니다.

신비 신학의 유래

'신비적(mistica)'이라는 말 역시 그리스어의 '미스티코스 mystikos'란 말에서 유래했습니다. 그것은 오직 새로 들어온 신자들에게만 알려진, 은밀하게 감춰진 전례를 가리키던 말이었습니다. 성경에 보면 '신비'라는 말은 구약의 다니엘서와 몇몇 제2경전에서 사용되고 있습니다. 그리고 신약에서는 바오로 사도가 인류 구원에 대한 하느님의 비밀을 이야기할 때 이 말을 사용했습니다. 그런데 3세기에 이르러서 이 말은 '전례적'인 의미, '성경 해석적'인 의미를 지니게 됩니다. 즉, 성찬례는 하느님의 구원 신비, 특히 그리스도의 파스카 신비를 재현하는 것이라고 하면서 미사 성제와 연관해 '신비'라는 말을 사용한 것입니다. 또한 오리게네스를 위시한 알렉산드리아 학파의 교부들은 성경 해석에서 하느님의 말씀이 세 가지 의미를 갖는다고 하면서 문자적 의미, 윤리적 의미, 신비적 의미에 대해 말할 때 '신비적'이라는 말을 사용했습니다.

그 후 6세기에 이르러 위僞 디오니시우스라는 교부를

통해 '신비 신학'이라는 말이 본격적으로 사용됩니다. 그는 《신비 신학에 관하여》라는 작품의 저자이기도 합니다. 그가 사용한 '신비적'이라는 말은 이전보다 훨씬 심오한 의미를 띠게 되는데, 그것은 하느님에 관한 체험적이고 직관적인 지식을 의미했습니다. 그러다가 점차 '관상'이라는 말과 같은 의미로 사용되기도 했습니다.

14세기에 들어서 프랑스 파리 대학의 총장인 제르손 신부는 〈사변적이고 실천적인 신비 신학에 관하여〉라는 논문에서 '신비 신학'을 보다 구체적으로 정의했습니다. 이 논문에 따르면, 신비 신학은 첫 회심에서부터 시작해서 신비 생활의 전반적인 체험에 이르는 영성 생활에 관한 모든 신학을 총망라하는 것이었습니다.

현대로 들어와서는 도미니코 수도회의 영성 신학자인 가리구 라그랑주 신부와 후안 곤살레스 아린테로 신부에 의해 기존의 전통적인 가르침이 재확인됐습니다. 이들에 따르면, 그리스도교적인 완덕은 '수덕적 단계'와 '신비적 단계'를 포함한다고 합니다. 그러나 그것은 총체적인 영적 여정의 두 부분일 뿐이며, 신비적 생활은 특수한 은총의 결과가 아니라 세례를 통해 받은 은총을 잘 키워 나가고 완성시키는 것임을 재확인했습니다.

수덕 신비 신학의 이해

긴 역사를 통해 드러난 '수덕'과 '신비'의 의미는 제2차 바티칸 공의회를 통해 더욱 명확하게 소개되고 있습니다. 성교회는 《교회 헌장》(인류의 빛: Lumen Gentium) 40-41항에서 이렇게 가르칩니다.

"모든 완덕의 천상 스승이시며 모범이신 주 예수님께서는 친히 거룩한 생활의 창시자요 완성자로서 당신의 모든 제자에게 어떠한 신분이든 그 한 사람 한 사람에게 생활의 성화를 가르치셨다. '하늘의 너희 아버지께서 완전하신 것처럼 너희도 완전한 사람이 되어야 한다.'(마태 5,48) … 따라서 어떠한 신분이나 계층이든 모든 그리스도인이 그리스도교 생활의 완성과 사랑의 완덕으로 부름받고 있다는 것은 누구에게나 자명한 일이며, … 온갖 생활과 직무에서 모든 사람은 하나의 성덕을 닦고 있다. 하느님의 성령께서 이끄시는 대로 하느님 아버지의 목소리를 따르고 영과 진리 안에서 하느님 아버지를 흠숭하며, 가난하고 겸손하신 그리스도, 십자가를 지고 가시는 그리스도를 따르며, 그분의 영광에 참여할 수 있게 되는 것이다."

오늘날 영성 신학자들은 '수덕적'이라는 말과 '신비적'이라는 말을 다양한 의미로 사용합니다. 학문적으로 보면, 수덕 신학은 영성 생활의 입문에서부터 주입적 관상 바로 전 단계까지를 연구하며, 신비 신학은 주입적 관상에서부터 수동적 정화, 변모적 일치까지를 다룹니다. 조금 전문적인 용어이지만, 영성 신학에서 아주 중요한 개념이기 때문에 간단하게나마 설명해 보도록 하겠습니다.

우선 '주입적 관상'이라는 것은 하느님께서 초자연적인 은총을 허락하셔서 인간이 잠시나마 하느님을 보게 되는 신비적인 현상을 말합니다. 뒤에서 좀 더 자세히 설명하겠습니다만, 이 현상을 '현시'라고 합니다. 여러 성인 전기에서 예수님이나 성모님의 발현을 목격했다는 이야기를 접할 수 있는데, 바로 그러한 체험을 말하는 겁니다. 예전에는 '주부적注賦的'이란 말을 사용해서 좀 어렵고 생소했는데, 최근에는 '주입적注入的'이라고 표현합니다. 말 그대로 이 은총은 하느님께서 우리 영혼 안에 부어 주시는 특별한 은총입니다. 완덕의 정상을 향해 인간이 걷는 영적인 여정은 주입적 관상 전과 후로 나뉩니다.

　이 특별한 은총을 받기 전까지는 보통 이런 초자연적인 경험이 주어지지 않고, 죄의 기회를 피하고 칠죄종七罪宗을 거슬러 싸우며 더 나아가 사추덕과 향주삼덕을 열심히 갈고 닦는 가운데 힘겹게 영적 여정을 걷게 됩니다. 세례를 받고 영적 여정을 시작해서 주입적 관상의 단계에 들어가기 전까지를 인간이 노력해서 덕을 닦는 단계라 해서 '수덕적 단계'라고 부릅니다. 이 단계에서는 인간이 자유의지를 바탕으로 영적 여정을 이끌어 가기 때문에 '능동적 단계'라고 부르기도 합니다. 반면, 주입적 관상의 은총을 받기 시작해 인간이 초자연적인 사랑 안에서 하느님과 완전히 합일하는 데 이르기까지의 단계를 신비적인 은총이 많이 주어진다 해서 '신비적 단계'라고 부릅니다. 이 단계에서는 하느님의 은총이 주도권을 갖고 인도하는 데 반해 인간은 자신의 주도권을 하느님께 맡겨드리기 때문에 '수동적 단계'라고 부르기도 합니다.

여러 신학자와 영성가들은 각자의 기준에 따라 인간이 하느님과의 합일을 향해 나아가는 여정을 세 단계나 네 단계 또는 그 이상의 단계로 나눠 왔습니다. 그러다 13세기 토마스 아퀴나스 성인에 이르러 '정화의 길, 조명의 길, 일치의 길' 세 단계로 확정되었습니다. 이 세 단계는 하느님과의 사랑의 합일 또는 지복직관이라는 영성 생활의 최종 목적에 이르기 위해 반드시 거쳐야 하는 과정입니다.

앞서 말씀드린 수덕 신학과 신비 신학이라는 두 개의 구도와 여기서 말하는 세 단계가 정확히 상응하거나 일치하지는 않습니다. 하지만 대체적으로 수덕 신학에서는 정화의 길과 조명의 길에 대해 다루며, 신비 신학에서는 일치의 길에 대해 다룹니다. 더 나아가 신비 신학에서는 주입적 관상에 동반되는 현시, 탈혼, 오상, 공중 부양 등 특수한 신비 현상도 다룹니다.

'수덕 신학'과 '신비 신학'은 오늘날 '영성 신학'이라는 하나의 용어로 통합하여 사용되고 있습니다. 영성 생활에는 수덕적인 측면이 강한 시기가 있고 하느님의 은총이 강하게 작용하는 신비적인 측면이 강한 시기가 있습니다. 결국은 완덕을 향해 나아가는 하나의 여정을 구성하는 연속적인 두 단계로 봐야 하지만, 영성 생활을 좀 더 구체적으로 살펴보기 위해서는 편의상 '수덕'과 '신비'로 나눠서 이해하는 것이 좋습니다. 이 두 분야에 대해 다루는 것이 바로 영성 신학입니다.

영성 신학이란 무엇일까요?

영성 신학은 지금껏 우리가 살펴본 영적 여정 전반에 대한 체계적인 성찰을 다루는 신학의 한 분야입니다. 영성 신학이 무엇인지 알려면, 먼저 신학 안에서 영성 신학이 어떤 위치에 있는지 알아야 합니다.

일반적으로 신학은 조직 신학, 실천 신학, 역사 신학으

로 나뉩니다. 1) 조직 신학은 우리에게 계시된 믿을 교리에 대해 다루는 학문으로, 여기에는 창조론, 종말론, 신론, 그리스도론, 삼위일체론, 은총론, 원죄론 등이 속합니다. 2) 실천 신학은 이러한 조직 신학을 삶 가운데 구현하는 실천적인 분야를 포함합니다. 윤리 신학과 영성 신학이 바로 여기에 속합니다. 3) 역사 신학은 역사를 통해 드러난 인간을 향한 하느님의 구원 계획에 대해 다루는 것으로, 여기에는 성경 신학, 교회사 등이 속합니다.

우리가 공부하는 영성 신학은 실천 신학에 속하며 윤리 신학과는 사촌지간에 있습니다. 윤리 신학은 신자로서 지켜야 할 올바른 삶의 규범에 대해 다루는 학문입니다. 윤리 신학이나 영성 신학 모두 삶에 대해 다루는 학문인데, 어떤 차이가 있을까요?

윤리 신학과 관련된 책을 접해 본 분들은 아시겠지만, 사실 윤리 신학과 영성 신학의 내용 중에는 겹치는 부분이 좀 있습니다. 예컨대 덕에 대한 내용이라든가, 죄에 대한 것 등이 그렇습니다. 그래서 어떤 면에서는 두 분야 사이의 경계가 모호하기도 하지만 쉽게 구분하면 이렇습니다. 윤리 신학은 그리스도교 신자로서 해야 할 최소한의 마지노선, 즉 이러저러한 것을 하지 말아야 한다는 내용을 주로 다룬다면, 영성 신학은 신자가 도달해야 할 최대치, 즉 완덕에 대해 이야기합니다.

좀 더 자세히 보면 윤리 신학은 계시된 진리를 기준으로 인간이 어떻게 행동해야 하는가 하는 기준에 대해, 그리고 그 행동이 신앙 안에서 어떻게 이루어져야 하는지, 구체적으로 어떤 덕행에 힘써야 하며 어떤 죄를 피해야 하는지 하는 삶의 규범에 대해 다룹니다. 한편 영성 신학은 신자로서 하느님과의 사랑의 합일이라는 최고의 목적에 도달하는 것, 즉 우리가 믿고 고백하는 모든 것, 삶 속에서 실천하는 모든 것이 궁극적으로 지향해야 할 최고의 단계를 제시하는 학문입니다. 그래서 흔히 "영성 신학은 신학의 꽃이다."라고들 합니다.

지금까지 살펴본 여러 개념을 바탕으로 할 때, 영성 신학은 하느님께서 교회를 통해 보여 주신 계시 진리를 비롯해 신자 개개인의 신앙 체험에서 시작되어 은총을 통해 이루어지는 초자연적 삶의 본질을 밝히는 학문이라고 할 수 있습니다. 또한 그 성장과 발전을 위한 지침을 찾아내어 보편적인 원리를 제시하며, 영성 생활의 시작에서 완성에 이르기까지 거치는 영적인 진보 과정을 설명하는 신학의 한 분야라고 할 수 있습니다.

이처럼 영성 신학은 우선적으로 하느님의 계시에서 출발합니다. 그러므로 신앙에 바탕을 둔 신앙 진리의 학문이라고 할 수 있습니다. 만일 그렇지 않다면 그것은 신학일 수 없습니다. 그리스도교 신앙을 갖지 않은 사람이 영성 신학의 내용을 머리로 이해한다 해도 그것은 피상적인 고찰일 수밖에 없습니다. 믿음이 있고 실제로 믿음에 따른 삶을 살아야 영적 여정에 대해 올바르게 이해하는 눈이 트인다는 말입니다. 또한 이 신앙은 가톨릭적인 신앙이어야 합니다. 개신교에는 이천 년 교회 역사에서 교회 공동체의 신앙을 표현하는 가장 핵심적 모습인 '미사', 즉 '성찬례'가 빠져 있습니다. 미사는 기도 중에 최고의 기도이며 그리스도교 영성의 정점에 있습니다. 개신교에는 성모 신심도 없습니다. 성모님이야말로 영성 생활에서 예수님 다음으로 중요한 안내자이십니다. 그리고 칠성사七聖事도 없죠. 성사는 하느님의 은총을 우리에게 전해 주는 천상의 수로水路와 같습니다. 성사에 대한 이해가 없으면 영성 생활의 에너지와도 같은 은총의 다양한 차원에 대해서도 말하기 어렵습니다.

 또한 영성이 올바르게 성장하려면 교회 교도권의 안내를 받아야 합니다. 교회야말로 예수님과 열두 제자 그리고 그분들의 후계자인 주교님들을 통해 지금까지도 우리가 믿는 신앙이 틀림없다고 보장해 주는 요체입니다. 그래서 영성이 이단에 빠지지 않고 건강하게 자라려면 교회의 가르침, 구체적으로는 그 가르침을 우리에게 전해 주는 주교님과 사제들에게 순명하며 그분들의 인도를 받아야 합니다.

개신교에는 적어도 수백 개의 파가 있고, 각 파마다 성경을 해석하는 기준이 제각기 다릅니다. 그리고 같은 파 안에서도 각 교회를 사목하는 목사님마다 성경을 다르게 해석합니다. 개신교에는 각 성경 구절의 근본적인 의미가 무엇이고 어떻게 해석해야 하는지에 대한 명확한 기준이 없습니다. 영성 생활을 이뤄 가는 데 있어 성경은 아주 중요한 바탕인데 이것을 함부로 해석하고 다루니 영성 생활이 어디로 가야 할지 갈피를 잡을 수 없게 됩니다.

성경에는 인류를 향한 하느님의 구원 역사가 굽이굽이 녹아 있습니다. 그리고 신약 성경에는 예수님의 말씀과 행적이 그대로 담겨 있습니다. 영성 생활의 핵심이 예수님과 사랑의 관계를 발전시켜 나가는 데 있다면, 신약 성경이야말로 예수님께 더 가까이 다가가게 하고 그분을 더 깊이 알고 사랑하게 해 주며 그분의 깊은 뜻을 헤아리게 하는 길잡이가 됩니다. 이처럼 성경은 영성 생활의 중요한 바탕입니다.

또한 영성 신학은 한 개인 안에서 실현된 은총의 역사, 성화의 역사를 바탕으로 보편적인 영성의 법칙을 끌어냅니다. 따라서 일차적으로는 경험적인 자료를 이용하기 때문에 영성 신학에는 한 개인의 하느님 체험에 관한 연구도 포함됩니다. 이렇듯 영성 신학은 순수 이론만을 다루는 학문이 아니라 실천 학문이자 응용 학문입니다. 그리고 단순히 경험적인 현상에만 머물지 않고 초자연적인 체험, 다시 말해 영혼 안에서 일어나는 은총과 성령의 역할이 무엇이며 거기에 인간이 어떻게 응답해야 성화될 수 있는지 하는 일련의 영성적인 원리들도 파헤칩니다. 그러므로 영성 신학은 하느님의 은총에 바탕을 둔 초자연적인 생활이 무엇인지 그 본질을 파고드는 신학이라고 할 수 있습니다. 이를 위해서는 계시 진리와 교회의 가르침, 그리고 조직 신학이 우리에게 전해 주는 많은 가르침과 결론을 잘 알아야 합니다.

이처럼 영성 신학은 영성 생활의 성장과 발전을 위한

법칙과 지침에 대해 다룹니다. 영성 신학은 경험적 자료에서 출발하지만 계시 진리와 신학적 결론에 밀접하게 연관되어 있기에 연구 방법이 경험적이고 서술적이기보다는 오히려 학문적이고 사변적입니다. 영적 성장의 법칙이 모든 신자에게 적용되고 이해되기 위해서는 각각의 특수한 상황에서 드러나는 차이점을 넘어서 영성 생활에서 보편적으로 통용되는 원리를 찾아야 하기 때문입니다. 그래서 영성 신학은 죄악, 유혹, 능동적 정화, 수동적 정화, 성사, 선행, 기도의 단계 등의 내용을 통해 영성 생활의 시작에서부터 완덕에 이르기까지 통상 거치게 되는 각각의 과정을 다룹니다.

"나의 연인에게 문을 열어 주었네.
그러나 나의 연인은 몸을 돌려 가 버렸다네.
그이가 떠나 버려 나는 넋이 나갔네.
그이를 찾으려 하였건만 찾아내지 못하고
그이를 불렀건만 대답이 없었네.

성읍을 돌아다니는 야경꾼들이 나를 보자
나를 때리고 상처 내었으며
성벽의 파수꾼들은 내 겉옷을 빼앗았네.

예루살렘 아가씨들이여
그대들에게 애원하니 나의 연인을 만나거든
내가 사랑 때문에 앓고 있다고
제발 그이에게 말해 주어요."(아가 5,6-8)

4.

영적 여정의 목적은 무엇일까요?

여러분 중에 〈가톨릭신문〉이나 〈가톨릭평화신문〉을 구독하는 분이 계신지 모르겠습니다. 교계 신문을 보면 한국 가톨릭교회의 현주소를 확연히 알 수 있습니다. 각 교구와 수도회에서는 다양한 사업을 합니다. 본당을 짓는 일에서부터 병원 운영, 학교 운영, 복지시설 운영, 각종 이벤트 사업 등 온갖 일로 지면이 가득 차 있습니다. 이런 소식을 접하면 생생하게 살아 있는 우리 교회의 모습을 보는 듯 해 기쁘지만, 한편으로는 뭔가 빠진 게 있는 것 같아 개인적으로 아쉬울 때가 많습니다.

제가 로마에서 유학하던 시절, 한국에서 받아 보는 가톨릭신문을 읽으며 많이 아쉬웠던 기억이 있습니다. 이탈리아에도 〈로세르바토레 로마노 _L'Osservatore Romano_〉라는 바티칸의 공식 기관지가 있는데, 거기에는 교회의 여러 활동 상황뿐만 아니라 이탈리아 교회의 정신적인 지주가 된 수많은 성인, 새로 시성된 성인들에 대한 소식이 담겨 있습니다. 그 성인들은 시대를 불문하고 영적인 비전을 제시해 주면서 교회의 빛과 같은 역할을 하고 있습니다. 물론 우리나라에도 103위 순교 성인·성녀들을 비롯해서 2014년에 시복되신 124명의 순교 선조들, 그리고 한창 시복을 준비 중인 순교 선조들이 있습니다. 신앙 하나 때문에 목숨을 초개草芥와 같이 버렸던 수많은 무명의 신자들이야말로 오늘날의 한국 교회가 있게 한 밑거름이 됐습니다. 그분들의 순교 덕분에 우리가 이렇게 편히 신앙생활을 하고 있는 것입니다.

그런데, 한국 교회에는 아직 살아서 하늘나라까지 가는 영적인 길을 뚫은 '증거 성인'이 한 명도 없습니다. 또 학자 성인도 없습니다. 베네딕토 성인이나 프란치스코 성인, 데레사 성녀나 이냐시오 성인처럼 하느님에 대한 사랑에 불탄 나머지, 살아서 하느님을 위해 모든 것을 걸고 투신했던, 하느님 사랑에 미쳤던 사람들, 이승에서 이미 하느님을 깊이 체험하고, 어떻게 해야 하느님의 뜻을 이루고 하늘나라를 이승에서부터 살 수 있는가를 터득했던 분들을 우리는 '증거 성인'이라 부릅니다. 그들은 영성 생활의 목적에 이미 도달했으며, 그곳까지 가는 길을 확실히 알고, 다른 사람들을 인도해 주는 탁월한 영적 안내자가 됩니다.

저는 테레시아눔이라는 저희 수도회 대학 내의 신학생 수도 공동체에서 2년간 머물며 양성을 받은 적이 있습니다. 같은 대학 내에 교수 신부님들의 수도 공동체도 있어서, 매주 교수 신부님의 주례로 미사를 봉헌하고 신부님의 특강도 듣곤 했습니다. 그런데 어느 주간에 라틴어 교수 신부님을 모시게 되었습니다. 40명 남짓한 저희 공동체에서는 라틴어 미사 경본을 복사해서 미리 연습도 하고, 라틴어로 된 그레고리안 성가도 여러 곡 선정해서 틈틈이 성가 연습을 했습니다. 평소 사용하지 않는 라틴어로 성가를 불러야 했으니 어려울 게 뻔했습니다. 더구나 저희 중에는 오르간을 제대로 연주할 줄 아는 신학생이

한 명도 없었습니다. 그래서 기타를 칠 줄 아는 동료의 도움을 받아 겨우 연습을 했습니다. 그렇게 일주일간 라틴어 미사와 성가를 힘겹게 준비해서 교수 신부님과 무사히 미사를 봉헌할 수 있었습니다.

저는 종종 그 일을 되돌아보며 이런 생각을 합니다. 만일 당시 함께했던 40명의 신학생 가운데 단 한 사람이라도 라틴어를 제대로 했다면, 단 한 사람이라도 그레고리안 성가를 잘 알아 제대로 음을 낼 수 있었다면, 나머지 39명은 아주 쉽게 배울 수 있지 않았을까 하고 말입니다.

마찬가지로, 여러분 가운데 천상의 멜로디를 노래할 줄 아는 사람이 단 한 명이라도 있다면, 다른 신자들은 보다 쉽게 천상의 멜로디를 노래할 수 있을 겁니다. 만일 한국 교회 전체를 통틀어 천상의 멜로디를 제대로 노래할 줄 아는 사람이 단 한 명이라도 있다면, 나머지 수백만 명의 신자들은 모두 쉽게 천상을 향해 날아갈 수 있을 겁니다. 그 한 사람이 바로 성인聖人입니다.

〈가톨릭신문〉이나 〈가톨릭평화신문〉에도 언젠가 증거 성인 한 분이 나셨다는 소식이 실린다면 정말 기쁘겠습니다. 수많은 사업이다 사도직이다 떠들어 대지만, 정작 교회를 질적으로 성장시킬 수 있는 것은 영적인 비전입니다. 그런데 우리 교회는 이 문제에 대해 대부분 침묵으로 일관하고 있습니다. 참으로 안타까운 일이 아닐 수 없습니다. 물론 교회의 숨은 곳에서 끊임없이 정진하며 영적으로 깊이 있게 사는 분들이 있을 줄 압니다만, 신문을 훑어보면 한국 가톨릭교회는 활동, 이벤트 같은 것들 위주로 돌아간다는 느낌이 듭니다. 그렇다고 남 탓만 할 일은 아니라고 생각합니다. 이 책을 읽는 신자 여러분 먼저 영적인 비전을 가지고, 그 길을 향해 나아가시길 바랍니다. 그 한 사람의 성인이 여러분이 되면 좋겠습니다.

성인이 왜 중요할까요? 성인이야말로 영성 생활이 지향하는 궁극적인 목표를 잘 알고 있으며 이미 그곳에 도달한 사람이기 때문입니다. 마찬가지로 우리 역시 영성 생활을 하는 데 있어 가장 우선시해야 할 것은 그 목적이 무엇인가 하는 문제입니다. 인간의 행위가 지향하는 목적은 수없이 많습니다. 그 수많은 목적 가운데에는 모든 목적을 아우르는 궁극적인 목적이 있을 겁니다. 그것을 신학에서는 '최종 목적'이라고 부릅니다. 이 최종 목적은 어떤 관점에서 보는가에 따라 다양한 용어로 불려 왔습니다. 하느님에 대한 지복직관, 하느님과의 사랑의 합일, 영원한 생명을 누리는 것 등입니다.

이냐시오 성인의 대표작인 《영신수련》은 4주 동안 해야 할 묵상에 대한 안내가 주를 이룹니다. 그중 성인이 1주간 첫째 날에 하도록 권하는 묵상 주제는 다름 아닌 '원리와 기초'입니다. 그 내용은 다름 아닌, 인간이 왜 이 세상에 태어났는가 하는 주제에 대해 묵상하는 것입니다. 이와 관련해 《영신수련》 23번은 다음과 같이 가르칩니다.

"사람은 우리 주 천주를 찬미하고 공경하고 그분께 봉사하며, 또 그렇게 함으로써 자신의 영혼을 구하기 위하여 조성된 것이다. 그 외에 땅 위에 있는 모든 것들은 다 사람을 위하여, 즉 사람이 조성된 목적을 달성하는 데 도움이 되기 위하여 창조된 것이다. 따라서 사람은 사물이 이러한 목적을 달성하는 데 도움이 되면 그만큼 그것을 이용할 것이고, 또 방해가 되면 그만큼 배척해야 한다. 그러므로 우리는 만물에 대해서, 만일 그것이 우리 자유에 맡겨졌고 금지되지 않았으면, 중용을 지녀야 할 것이니, 즉 우리는 질병보다 건강을, 빈곤보다 부귀를, 업신여김보다 명예를, 단명보다 장수함을 원하지 않을 것이요, 따라서 다른 모든 것에서도 우리는 오로지 우리 자신을 최고 목적으로 더욱 더 인도하는 사물만을 원하고 선택해야 한다."

 이냐시오 성인은 우리가 이 세상에 태어난 목적은 하느님께 영광을 드리고 자신의 영혼을 구원하는 데 있다고 보았습니다. 또한 이 근본적인 목적이 우리 삶의 모든 것을 평가하는 기준이 되어야 하고 그에 따라 살아야 한다고 가르쳤습니다. 토마스 성인은 《신학 대전》 제2부 1편에서 인간에 대한 많은 주제를 다루면서 그 시작에 수십 페이지에 걸쳐 인간 존재의 '최종 목적'에 대해 이야기했습니다. 토마스 성인의 말에 따르면, 인간이 이 세상에 존재하는 궁극적인 목적은 '지복직관至福直觀'에 있습니다. 하느님을 있는 그대로 바라보는 것, 즉 그분을 관상하는 데 우리의 참된 행복이 있다는 겁니다. 이러한 생각은 이후 모든 가톨릭 신학자, 영성가에게 영적 여정을 언급하는 데 있어 기준점이 되었습니다.

하느님의 피조물인 우리 존재의 시작이자 궁극적인 목적은 하느님 안에 있습니다. 인간은 영원으로부터 하느님에 의해 준비된 존재입니다. 인간은 존재하기 이전부터 하느님의 심중心中에서 계획된 존재로 그분과의 인격적인 통교, 더 나아가 그분과 사랑으로 하나 되도록 부름받았습니다. 교회는 오랜 역사를 통해 이러한 인간의 최종 목적을 하느님에 대한 지복직관, 삼위일체 하느님의 생명에 대한 참여, 성자 예수 그리스도 안에서 하느님의 자녀가 되는 것, 하느님의 영광에 참여하는 것, 영원한 생명을 누리는 것이라고 표현해 왔습니다. 최종 목적은 이를 바라보는 관점에 따라 더욱 다양하게 표현될 수 있지만, 모두 궁극적으로는 인간이 하느님 안에서 영원한 행복을 누리는 것을 의미합니다. 이것이 바로 인간이 현세에서 영적 여정을 통해 궁극적으로 도달하고자 하는 목적입니다.

영적 여정을 시작하면서 우리가 도달하고자 하는 '목

적'이 무엇인지 아는 것은 가장 기본적이면서 아주 중요한 일입니다. 목적지에 대한 확실한 인식이 없다면 어디로 가야 하는지 알지 못한 채 길을 헤매다 인생을 마칠 것이 뻔하기 때문입니다. 하느님께서 영원으로부터 우리를 위해 마련하신 계획의 궁극적인 실현 상태, 즉 '최종 목적'에 대한 다양한 표현 중에서 세 가지만 선별해 살펴보도록 하겠습니다.

하느님을 바라보는 것

초대 교회부터 오늘날까지 최종 목적을 표현하는 전형적인 신학적 표현으로 '지복직관'을 들 수 있습니다. 통상 '지복직관'으로 번역되는 라틴어 'visio beatifica'는 '복된 바라봄'을 뜻합니다. 이는 진리 자체이신 하느님에 대한 관상을 의미하는 것으로, 영원한 진리이신 하느님을 바라보는 것이야말로 인간이 누릴 수 있는 최고의 행복이라는 의미가 담겨 있습니다.

그런데 '하느님을 본다'라는 표현은 역설적인 특징을 담고 있습니다. 성경을 보면 인간은 이미 구약 시대부터 하느님을 지극히 높으신 분, 지극히 두려워해야 할 분으로 여기고 있었습니다. 그러나 동시에 하느님의 얼굴을 관상하는 것은 인간의 마음속에 있는 가장 깊은 열망이기도 했습니다. 이처럼 하느님은 지고지순하시며 저 높은 옥좌에 계셔서 감히 우리는 다가설 수 없고 심지어 그분의 이름조차 부를 수 없다고 하는 하느님의 초월성超越性과, 반대로 우리와 함께 계시며 우리가 어려울 때 가까이 계시는 분이라는 관념 사이에 팽팽한 긴장이 있어 왔습니다.

예컨대 탈출기 33장 18-23절을 보면 모세는 야훼께 당신의 영광을 보게 해 달라고 청한 적이 있습니다. 하지만 모세는 동굴에서 '그분의 등'만 볼 수 있었다고 합니다. 모세의 말에 따르면, 누구도 그분의 얼굴을 보지 못하는데, 그분을 본 사람은 아무도 살 수 없기 때문이라고 합니다. 시편 저자는 다음과 같이 의인의 목마름을 표현하기도 했습니다. "암사슴이 시냇물을 그리워하듯 하느님, 제 영혼이 당신을 이토록 그리워합니다. 제 영혼이 하느님을, 제 생명의 하느님을 목말라합니다. 그 하느님의 얼굴을 언제나 가서 뵈올 수 있겠습니까?"(시편 42,2-3) 하느님의 얼굴에 대한 향수는 이스라엘 민족을 "하느님을 찾는 이들의 족속, 하느님의 얼굴을 찾는 이들의 족속"(시편 24,6 참조)으로 규정할 정도로 이스라엘 사람들의 영혼을 깊이 관통해 왔습니다.

여기서 우리는 이러한 표현을 사용하는 문화적 배경을 이해해야 합니다. 고대 동방의 여러 민족에서 왕은 그 수하 사람들이 가까이하기 어려운 존재였습니다. 왕은 높은 위치에 따른 품위를 유지하며, 일반 백성으로부터 멀리 거리를 둔 상태에서 자신을 시중드는 사람들과 장관들, 베일, 성벽에 둘러싸여 살았습니다. 이런 상황에서 절대 군주와 약간의 거리를 두고 그를 보는 것, 그와 얼굴을 마주하고 보는 것은 소수의 사람들에게만 주어진 특권이었습니다. 그러므로 절대 군주를 본다는 것은 그의 곁에 이르는 것이자 그와 인격적이고 직접적인 관계를 시작하는 것을 의미했습니다.

서울의 명소가 된 청계천에 가면, 양쪽 벽면에 다양한

그림이 새겨져 있습니다. 그중 족히 몇 십 미터는 되어 보이는 정조의 화성 행차 장면을 한 번쯤 보신 적이 있을 겁니다. 그 행렬을 가만히 살펴보면 아주 상징적인 表현을 발견하게 됩니다. 행렬의 뒤로 갈수록 직급이 올라가고 맨 뒤에는 임금님이 자리하는데, 임금님의 모습과 얼굴의 윤곽은 그려져 있지만 신기하게도 얼굴에는 아무것도 표현되어 있지 않다는 겁니다. 임금님의 얼굴은 누구나 함부로 볼 수 있는 게 아니었음을 단적으로 표현하고 있죠. 왕의 얼굴을 가까이서 본다는 것은 상당한 특권이자 그와 친밀한 관계로 들어가는 것을 의미합니다. 하느님과 관련해서 '보다'라는 표현이 드러내고자 하는 것도 바로 이것입니다. 다시 말해 하느님을 본다는 것은 그분과 직접적이고 아주 가까운 관계를 맺는 것을 의미합니다.

신약 성경에서도 이 표현은 인간의 종말적 상황에 대한 묘사에서 다시 등장합니다. 공관 복음에 따르면, 예수님은 "행복하여라, 마음이 깨끗한 사람들! 그들은 하느님을 볼 것이다."(마태 5,8)라고 하시며 진복팔단에서 하느님을 보는 것에 대해 말씀하신 바 있습니다. 이와 관련해 좀 더 중요한 구절은 바오로 사도와 요한 사도의 서간에서 드러납니다.

우선, 바오로 사도의 코린토 신자들에게 보낸 첫째 서간 13장 12절에 보면 이런 말씀이 나옵니다. "우리가 지금은 거울에 비친 모습처럼 어렴풋이 보지만 그때에는 얼굴과 얼굴을 마주 볼 것입니다. 내가 지금은 부분적으로 알지만 그때에는 하느님께서 나를 온전히 아시듯 나도 온전히 알게 될 것입니다." 이 구절을 올바로 이해하려면 문맥을 살펴봐야 합니다. 이 구절이 속한 코린토 신자들에게 보낸 첫째 서간 13장에는 그 유명한 바오로 사도의 '사랑의 찬가'가 나옵니다. 여기서 바오로 사도는 사랑에 대해 설명했습니다. 사도는 사랑에 대한 찬가를 부르면서 믿음, 희망과 같은 여러 가지 덕, 그리고 예언, 방언과 같은 은사가 언젠가는 끝나는 것과 달리 사랑은 영원하다고 고백합니다. 그에 따르면, 사랑은 인간의 현세의 삶에서 그의 마음에 뿌리내리며 죽음을 넘어선 저 세상에서도 지속됩니다. 이어서 사도는 어린 시절과 성인이라는 현재와 미래의 삶의 형태를 서로 비교하면서 '부분적으로 아는 것', '거울에 비춰 어슴푸레하게 아는 것'과 미래에 '얼굴을 마주하고 보는 것', '하느님께서 나를 아시듯 그렇게 온전히 아는 것' 사이를 대조해서 보여 주었습니다.

사멸할 이 현세의 삶에서 우리가 잠시라도 하느님께 가까이 다가가는 것은 오직 어떤 중개仲介를 통해서만 가능합니다. 예컨대 성사가 대표적입니다. 반면, 저세상에서 인간은 하느님과 직접적인 만남을 통해 얼굴을 마주하고 인격 대 인격으로 그분을 감지하게 됩니다. 여기서 분명하게 언급되고 있는 것은 순수 지적인 영역을 넘어서는 만남으로 그 맥락은 사랑입니다. 즉, 얼굴을 마주하고 바라보며 하느님을 안다는 것과 사랑의 만남이 서로 어우러져 드러나고 있습니다. 이 전망에서 하느님을 '아는 것'과 '보는 것'은 더 이상 그리스어에서 말하는 '테오리아 theoría', 즉 단순한 '관상'이 아닙니다. 그리스도교적인 참된 관상에는 무엇보다 하느님과 인간 사이의 상호 인격적이고 총체적인 사랑의 관계가 내포되어 있음을 알 수 있습니다.

코린토 신자들에게 보낸 첫째 서간 13장 12절을 보완하는 텍스트로는 요한의 첫째 서간 3장 2절을 꼽을 수 있습니다. "사랑하는 여러분, 이제 우리는 하느님의 자녀입니다. 우리가 어떻게 될지는 아직 드러나지 않았지만, 그분께서 나타나시면 우리도 그분처럼 되리라는 것은 알고 있습니다. 그분을 있는 그대로 뵙게 될 것이기 때문입니다." 이 구절은 인간을 당신 자녀로 삼으신 성부께 대한 감사라는 맥락 안에 자리합니다. 이 점에서 하느님을 보는 것과 관련된 요한 사도의 가르침은 하느님의 자녀가 된다는 전망과 연관되어 있습니다. 앞서 살펴본 바오로 사도의 말씀과 마찬가지로, 요한 사도는 세말에 가서 하느님의 자녀가 누리게 될 특전을 강조하는 가운데 '지금'과 '앞으로 될 우리' 사이를 대조하며 이렇게 말합니다. "우리도 그분처럼 될 것입니다." "그분을 있는 그대로 뵙게 될 것입니다."

이 구절에서 다음과 같은 가르침을 유추해 낼 수 있습니다. 그것은 오직 하느님의 자녀인 우리에게 하느님의 깊은 신비에 대한 앎이 유보되어 있다는 점입니다. 즉, 세례를 통해 그리스도를 받아들이고 하느님을 아버지로 고백한 우리들이야말로 장차 그분이 누구신지 진면목을 보고 알게 될 것이라는 말입니다. 하느님의 신비에 대한 앎은 단순한 지적인 앎 그 이상으로 결국 우리 또한 그분처럼 된다고 하는 '신화神化'의 의미를 담고 있습니다. 다시 말씀드리지만, 여기서 하느님을 '보는 것'은 단순히 육안으로 보는 것 이상으로, 삼위일체 하느님의 깊은 신비를 꿰뚫어보는 것을 말합니다.

지복직관이란 인간 존재를 구성하는 영적인 차원인 영혼이 지닌 두 가지 근본적인 능력, 즉 '지성'과 '의지' 가운데 지성의 관점에서 표현된 말입니다. 하느님을 본다는 것은 육체의 눈으로 보는 것이 아니라 지성으로 하느님의 본질을 깨닫는 것을 의미합니다. 이는 다분히 그리스 철학의 전통에 입각한 표현입니다. 초대 교회 당시 그리스도교가 토착화되는 데 지대한 영향을 미친 플라톤 철학에서 인간의 본질은 육체가 아니라 영혼이었습니다. 육체는 영혼의 감옥으로 간주되었으며 영혼만이 인간의 본질로 여겨졌습니다. 그리고 그중에서도 오늘날 '지성'이라 부르는, 그리스어의 '누스nous'를 영혼의 핵심으로 보았습니다. 그러므로 이데아 세계, 신적인 세계로 되돌아가는 것을 인간이 이 세상에서 이룩해야 할 소명으로 보았으며, 영혼이 육체에서 탈출하고, 특히 영혼의 핵심인 지성이 신적인 세계를 보게 될 때 비로소 거기에 인간의 참된 행복이 있다고 여겼습니다. 그것이 다름 아닌 그리스도교에서 말하는 '관상(contemplatio)'의 기원이 됩니다.

초대 교회로부터 지금까지 하느님을 관상하는 것, 그분을 지복직관하는 것이야말로 인간이 지상의 순례 여정을 통해 궁극적으로 이룩해야 할 최종 목적이자 근본 소명이라고 보았습니다. 역사상 수많은 성인·성녀가 성성聖性의 정상에 이르렀습니다. 그런데 그분들이 평소에 지녔던 열망 중에도 "하느님을 뵙고 싶다."라는 표현이 자주 보입니다. 이처럼 하느님의 얼굴을 뵙고자 하는 것, 그것이야말로 성성을 지향하는 우리 신자들이 가슴에 품어야 할 근원적인 열망임을 다시 한번 확인시켜 줍니다.

하느님과 사랑의 합일을 이루는 것

두 번째로, 교회 역사상 많은 신학자와 성인·성녀들은 영적 여정에서 지향해야 하는 최종 목적으로 '하느님과의 사랑의 합일'이란 표현을 사용해 왔습니다. 이는 특히 영성가와 신비가가 선호했던 표현입니다. 우리가 믿고 고백하는 하느님은 인격적인 하느님이십니다. 성부, 성자, 성령의 세 위격이면서 동시에 한 분이신 하느님은 우리와 전혀 상관없는 어떤 비인격적 실재이거나 저 멀리 하늘의 옥좌에서 그저 관망하시는 분이 아닙니다. 그분은 구약과 신약을 통해 계시된 창조주 하느님이시자, 우리의 아버지이시며 그리스도를 통해 계시된 사랑과 자비가 가득한 분이십니다. 성자 예수 그리스도는 우리를 사랑하시어 이 세상에서 육신을 취하고 인류와 함께 지내며 인격적인 관계를 맺으셨습니다. 그분이 승천하신 다음에는 성령께서 오셔서 우리와 또 다른 관계를 맺으십니다. 그러므로 우리가 이승에서 걷는 영적인 여정은 다름 아닌 삼위일체 하느님과 인격적인 관계를 발전시켜 나가는 것입니다. 구체적으로 그 관계는 삼위일체 하느님과의 '사랑의 관계'를 말합니다. 영적 여정을 통해 이르게 되는 마지막을 최종 목적이라고 할 때, 이는 내용적으로 하느님과 우리 사이에 인격적인 사랑의 관계가 완성되는 것을 의미합니다.

불교의 전통을 오래 간직하고 있는 우리나라에서는 선禪 수행 방법을 기도에 접목하려는 시도가 다양하게 이루어지고 있습니다. 그런데 이러한 접목에 있어 우리가 늘 염두에 둬야 할 것이 있습니다. 불교와 그리스도교는 엄연히 세계를 바라보는 관점과 진리에 대한 인식 자체가 다릅니다. 교리 체계도 다르기 때문에 수행하는 방법이나 수행의 의미 또한 다를 수밖에 없습니다. 불교에서 수행자들이 각覺을 통해 도달하려는 진리는 우주의 근본 원리에 대한 깨달음이지만 그것은 비인격적인 진리에 대한 깨달음입니다. 불교에서는 하느님에 대해 말하지 않습니다. 반면, 우리가 고백하는 그리스도교 신앙은 우리를 창조하고 섭리적으로 인도하시며 궁극에 가서는 우리를 당신 자녀로, 당신의 신부로 맞이하시는 하느님에 대해 말합니다. 그리스도교의 근원은 아버지 하느님에게 있습니다.

그리고 인간의 소명은 아버지 하느님과의 '인격적인' 만남에 있습니다. 천상에 가서야 비로소 충만하게 이루어지게 될 이 만남은 불교나 그리스의 스토아 철학이 말하는 평정심平靜心이 아닌 벅찬 감동을 우리에게 전해 줍니다. 참으로 그리운 주님을 만나 그 사랑 안에 머물 때, 그리고 그분과 온전히 하나 될 때, 그 만남의 표현은 지극히 정감적일 수밖에 없습니다.

불교의 궁극적 목표가 우주 진리에 대한 깨달음이라면, 그리스도교의 궁극적 목표는 하느님을 '아빠', '아버지'로 만나고, 구세주이신 예수님을 유일한 최고의 사랑으로 만나 그분과 사랑으로 하나 되는 것에 있습니다. 따라서 기도 역시 불교에서처럼 면벽수행을 하거나 정신과 마음을 비우고 '무無' 그 자체를 추구하지 않습니다. 불교에서 해탈에 이른 스님들이 각覺을 하고 나서 지은 '오도송悟道頌'을 보면 보편적인 우주의 진리, 인생의 진리에 대한 깨달음을 전하고 있습니다. 그러나 거기에는 누군가를 사무치게 그리워하거나, 그리워하던 존재를 만나 사랑을 나누고 일치하며 느끼는 사랑의 희열 같은 것은 없습니다. 반면,

영성의 최고봉에 이른 성인들이 자신의 신비 체험에 대해 전하는 것을 보면, 오랫동안 그리워했던 연인을 만나 더할 나위 없이 사랑을 나누고 하나로 일치하면서 체험하는 사랑의 기쁨이 그대로 묻어납니다.

기도 역시 마찬가지입니다. 기도는 우리 인생의 유일무이한 사랑이신 예수님과 내가 나누는 우정의 대화이자 사랑의 대화입니다. 그리고 하느님과의 인격적인 관계를 심화시키는 장소이기도 합니다. 그렇지 않으면 올바른 의미의 그리스도교적인 기도라고 할 수 없습니다.

그러므로 우리가 영성 생활을 통해 지향하는 근본 목표는 하느님과의 사랑의 합일이라고 말할 수 있습니다. 이것은 앞서 말한 지복직관이 지성의 관점에서 바라본 표현인 것과 대조적으로, 의지의 관점에서 표현된 용어입니다. 왜냐하면 인간에게 있어 '사랑'이 시작되는 곳은 의지이기 때문입니다. 뒤에서 조명의 길을 다룰 때 더 자세히 말씀드리겠지만, 하느님께서 당신과 관계를 맺을 수 있도록 선사해 주시는 초자연적인 덕을 향주삼덕이라고 합니다. 그중에 인간의 지성에 작용해서 하느님을 믿고 받아

들일 수 있게 해 주는 덕이 믿음입니다. 그리고 하느님을 바라고 사랑하도록 주어진 것이 희망과 사랑인데, 이 두 가지 덕은 인간의 의지에 자리해서 뿌리를 내림으로써 하느님과 깊은 인격적 관계를 맺도록 도와줍니다.

영원한 생명을 누리는 것

세 번째로, 성경을 비롯한 교회 교도권에서는 현세 여정을 통해 지향하는 최종 목적을 '영원한 생명'이라고 불러 왔습니다. 생명을 의미하는 '하임hayyim'이라는 말은 구약 시대에 역사의 흐름을 따라 점점 더 밀도 높은 의미를 지니게 되었습니다. 이 말이 풍요로운 의미를 갖게 된 것은 무엇보다도 종교적 의미가 포함되었기 때문입니다.

구약 성경에 따르면, 이스라엘 사람들은 하느님을 '살아 계신 분'으로 체험해 왔습니다. 즉, 성경에서는 무기력한 여타 우상과 달리 하느님을 살아 계신 분으로 소개하고 있습니다. 그리고 생명의 근원이신 그분에게서 진정한 생명이 흘러나온다고 말합니다. 그러므로 인간의 입장에서 '생명'은 생명의 근원이신 하느님으로부터 거저 주어진 선물입니다. 또한 생명을 매 순간 유지해 가는 것 역시 생명의 근원이신 하느님의 선물입니다. 만일 하느님께서 숨을 거두시면, 인간은 죽고 맙니다.

이러한 이스라엘 사람들의 믿음은 다음과 같은 관념으로 발전하게 됩니다. 만일 하느님께서 생명을 주시고 보존하며 연장해 주시는 분이라면, 그분께 대한 충실함은 우리 존재를 유지·보존해 줄 뿐만 아니라 생명의 꽃이 활짝 피게 하는 보증이라는 것입니다. 이와 반대로, 하느님께 대한 불순명은 어떤 식으로든 생명의 감소를 의미합니다. 불순명은 하느님과의 관계를 단절시키며 이로써 우리를 생명의 원천이신 하느님으로부터 멀어지게 하기 때문입니다.

생명과 죽음에 대한 이 개념은 신명기 30장 1-20절에서 정식으로 드러납니다. 여호수아는 약속의 땅에 들어가기 전에 이스라엘 백성들 앞에서 이 선물을 받을 자격이 있는지 묻습니다. 그리고 아주 중요한 선택을 하도록 초대합니다. 주님께 충실하기로 결정한 이에게는 축복, 행복, 생명이 있지만, 그분께 불순명하기로 결정한 이에게는 저주와 불행 그리고 죽음과 더불어 위협이 있다는 것입니다. 특히 신명기 30장 15절 "보아라, 내가 오늘 너희 앞에 생명과 행복, 죽음과 불행을 내놓는다."와 19절 "나는 오늘 하늘과 땅을 증인으로 세우고, 생명과 죽음, 축복과 저주를 너희 앞에 내놓았다. 너희와 너희 후손이 살려면 생명을 선택해야 한다."라는 말씀에서 잘 나타납니다. 여기서는 아직 현세적인 보상 개념이 지배적으로 드러나고 있지만, 생명의 충만함과 하느님께 대한 충실함 사이의 연관성이 잘 드러난 대목이라고 할 수 있습니다.

 구약의 여러 예언자는 이스라엘 백성이 주님으로부터 멀어지게 되면 죽음만 있을 뿐이라고 가르치며 끊임없이 회심하도록 독려했습니다. 이사야 예언자는 불의한 자들이 죽음과 계약을 맺는다며 그들을 비난했습니다. 예레미야 예언자는 이스라엘을 변절한 백성이라고 비난하고 그들이 생명의 근원을 버렸다며 야단치기도 했습니다. 한편 에제키엘의 경우, 의인은 생명 가운데 영속하지만 불경한

이는 죽을 것임을 강하게 상기시켰습니다.

긴 시간 동안 이스라엘이 지녀 온 생명에 대한 희망은 제한적인 현세적 지평에서 비롯된 것이었습니다. 즉, 경건한 사람은 하느님으로부터 현세적인 행복이라는 보상을 받길 희망했습니다. 장수하는 것, 후손을 많이 남기는 것, 풍부한 재화를 갖는 것처럼 말입니다. 이러한 사고방식은 시간이 지나면서 깊이를 더해 갔습니다. 그리고 그들이 열망하는 보화 가운데 으뜸가는 행복으로 하느님이 회자되기 시작했습니다. 마침내 이러한 열망은 현세적인 생명을 넘어 저세상에서 누리는 영원한 생명을 바라는 데까지 확장되기에 이릅니다.

이 과정에서 주목할 것은 하느님에 대한 충실함이 충만한 삶에 이르기 위한 조건이라는 관념이 지속되었다는 사실입니다. 다니엘서 12장에 드러나는 묵시적 현시에 따르면, 영광스러운 부활은 오직 하느님의 벗인 의인들을 위해서만 유보되어 있음을 보게 됩니다. 그에 따르면, 마지막 날 "땅 먼지 속에 잠든 사람들 가운데에서 많은 이가 깨어날 것이며"(다니 12,2) 그중 일부만 영원한 생명을 향해 부활하게 되고 그밖에 다른 이들은 수치와 영원한 치욕을 받게 될 것이라고 합니다.

영원한 생명을 얻기 위해 하느님께 충실해야 한다는 조건은 마카베오기 하권 7장의 순교 사화에도 등장합니다. 여기서 소개되는 한 어머니와 그의 일곱 아들은 하느님께서 마지막 날에 자신들을 부활시키는 가운데, 목숨을 바쳐 그분께 충실했던 것에 대해 보상해 주실 것이라고 확신했습니다. 그리고 우상에게 경배하라는 명령을 따르지 않고 기꺼이 죽음을 받아들이며 이렇게 말했습니다. "온

세상의 임금님께서는 당신의 법을 위하여 죽은 우리를 일으키시어 영원한 생명을 누리게 하실 것이오."(2마카 7,9)

생명에 대한 구약 성경의 가르침이 제시하는 근본적인 노선은 신약 성경에서도 연장되어 드러납니다. '생명'을 의미하는 그리스어 '조에zoé'는 구약의 '하임'이 담고 있는 의미를 이어 가며 새로운 색채를 덧입게 됩니다. 즉, 생명을 그리스도, 성령과의 관계 안에서 파악하여, 죽음을 이기고 부활하신 그리스도야말로 참되고 영원한 생명의 주인이라고 말합니다. 그리고 그분의 승천 이후 생명은 성령을 통해 우리에게 주어집니다. 이처럼 신약 성경에서 생명은 늘 예수 그리스도 그리고 성령과 연계하여 언급되고 있습니다.

예컨대 공관 복음을 보면, 생명에 대한 구약 성경의 가르침, 즉 하느님께서 생명의 근원이시라는 점이 지속적으로 드러납니다. 이와 같은 선상에서 예수님은 영원한 생명에 다가가기 위한 윤리적인 요청에 대해서도 말씀하셨습니다. 특히 마태오 복음서에서 잘 드러나는데, 새로운 것이 있다면 예수 그리스도께 '생명' 개념이 집중되고 있다는 점입니다. 마지막 심판 장면을 생생히 묘사하고 있는 마태오 복음서 25장을 보면, 예수님은 마지막 날에 영원한 생명을 선사해 주시거나 거부하는 당사자로 소개되고 있습니다. 특히 그분은 사람들이 현세의 삶을 사는 동안 당신을 사랑했는지의 여부에 따라 영원한 생명을 주신다고 말씀하셨습니다. 사도들 역시 설교를 통해 그리스도 안에서 누리는 새로운 생명에 대한 약속을 집중적으로 제시했습니다. 사도행전 3장 11-26절의 사화에 따르면, 베드로 사도는 성령 강림절 담화에서 예수님을 생명으로 인도하는 수장首長으로 선포했습니다.

한편 바오로 사도는 그리스도를 "우리의 생명"(콜로 3,4)으로 소개했습니다. 사도는 로마 신자들에게 보낸 서간에서 아담과 그리스도 사이를 비교하는 가운데 이 신비를 전했습니다. 여기에 따르면, 아담이 타락하여 죄와 죽음이 인류에게 들어오게 되었지만, 그리스도는 이러한 악의 세력으로부터 인간을 해방시켜 주셨습니다. 그분은 성령에 힘입어 사람들에게 하느님의 생명을 전해 주십니다. 또한 사도는 갈라티아 신자들에게 보낸 서간에서 성령이 교회 구성원들 안에 거하시며 그들이 이미 이 세상에서부터 육에 따른 삶을 훨씬 넘어서는 영원한 생명을 살도록 인도해 주신다고 가르쳤습니다. 그리고 로마 신자들에게 보낸 서간 6장에서는 우리가 걷는 지상 여정에서부터 영원한 생명이 시작된다고 보았습니다. 세례를 받는 순간을 영원한 생명의 시작으로 본 것입니다.

우리는 세례를 통해 죄에 죽고 영원한 생명과 부활에 대한 희망을 갖고 살기 시작합니다. 제2차 바티칸 공의회의 《교회 헌장》(인류의 빛: Lumen Gentium)에서 말하는 모든 신자의 보편 소명인 '성성聖性', 즉 하느님께서 거룩하신 것처럼 우리 모두가 거룩하게 되는 것은, 바로 세례 때 받은 성성을 향한 씨앗에서부터 시작됩니다.

우리가 영성 생활을 통해 완덕에 이르는 것은 특별한 도道를 닦는 것이 아닙니다. 영적 여정의 출발점은 다름 아닌 우리가 거저 받은 세례입니다. 세례야말로 우리가 하느님과 의식적으로 처음 관계를 맺는 순간이자 그분을 우리의 유일무이한 '너'로, 우리 삶의 주인이자 목적으로, 우리의 궁극적인 사랑으로 받아들이는 순간입니다. 여러분과 저의 영적 여정은 세례 받은 그 순간부터 시작되었습니다. 참된 진리이자 궁극적 사랑이신 하느님과 깊은 사랑의 일치를 누리는 가운데 그분을 직접 대면해 관상하는 행복한 삶, 그리고 이 삶이 영원히 지속되는 상태를 누리기 위해서는 어떤 여정을 밟아 가야 할까요? 이제부터 그 여정을 구체적으로 살펴보도록 하겠습니다.

"그대 연인은 어디로 갔는가?

여인 중에 가장 아름다운 이여.

그대 연인은 어디로 갔는가?

우리가 그대와 함께 그를 찾으리다.

나의 연인은 자기 정원으로,

발삼 꽃밭으로 내려갔어요.

정원에서 양을 치며

나리꽃을 따려고 내려갔어요.

나는 내 연인의 것, 내 연인은 나의 것.

그이는 나리꽃 사이에서 양을 친답니다."(아가 6,1-3)

5.

영적 여정에서
만나는
세 가지 길

오래전부터 많은 영성가는 인간이 하느님께 나아가는 여정에는 몇 가지 단계가 있다고 말해 왔습니다. 또한 그 여정을, 그분을 향해 오르는 여정이라 해서 산의 정상을 향해 나아가는 상승의 길에 빗대어 설명하곤 했습니다.

등산을 하게 되면 단숨에 정상에 오를 수는 없습니다. 우선, 오르고자 하는 산까지 대중교통을 타고 가야 합니다. 그리고 잘 닦인 길을 따라 등산로 초입까지 가서, 정상에 오르기 위한 다양한 루트를 찾아야 합니다. 그중에 정상까지 가는 가장 단거리 코스를 선택해서 본격적으로 오르기 시작하면, 여러 경로를 거치며 적어도 몇 시간은 수고해야 간신히 정상에 오를 수 있습니다. 그뿐만이 아닙니다. 등산로 초입에는 음식점도 많고 간식을 파는 곳도 많습니다. 이 유혹을 뿌리치지 못하면, 자칫 함께 온 친구들과 식사나 낮술을 하다 산에 오르지 못하고 집으로 발길을 돌리기 일쑤입니다. 유혹에 빠지지 않고 음식점 거리 한복판을 용감하게 지나쳐야 숲속에 숨어 있는 호젓한 길을 만날 수 있습니다. 그렇게 해야 본격적으로 산에 오르는 여정을 시작하게 됩니다.

산을 오르는 여정에서 가장 힘든 코스는 보통 중간 고지까지 오르는 길입니다. 초입에 나 있는 길은 비교적 정리가 잘 되어 있어서 제법 속도가 붙지만, 본격적인 등산이 시작되는 코스에는 가파른 곳이 많아 상당히 힘이 듭니다. 이렇게 몇 시간에 걸쳐 어렵사리 중간 고지에 오르면, 그때부터는 능선을 따라 제법 쉽게 등산을 할 수 있습니다. 걸음이 빨라지고 경치를 내려다보는 재미도 쏠쏠합니다. 시원한 바람도 제법 불어와 그 전까지 땀 흘리며 수고한 것을 조금은 잊게 합니다.

하지만 정상 근처에서 다시 난코스를 만나게 됩니다. 정상 주위에는 대체로 큰 바위가 많은데, 그 바위를 아슬

아슬하게 오르기도 해야 하고 상당히 가파른 코스도 넘어서야 합니다. 그런가 하면 한 발 한 발 딛을 때마다 자칫 낭떠러지로 떨어질 수도 있는 위험천만한 코스도 있습니다. 이렇게 천신만고 끝에 정상을 둘러싸고 있는 여러 난코스를 넘어서야 비로소 고고하게 바람을 맞으며 운해雲海를 뒤로 하고 우뚝 서 있는 정상을 만나게 됩니다. 상당한 인내심과 모험심, 과감함이 있어야 가능한 일입니다.

하느님을 향한 여정도 이와 비슷합니다. 주위 사람의 권유로든 자발적으로든, 이러저런 동기로 성당에 다니기 시작한 예비자는 반년 정도 영세 교리를 받으며 하느님에 대해, 예수님에 대해 그리고 교회에 대해 알게 됩니다. 그리고 마침내 본당 신부님으로부터 영세를 받으며 세례명을 얻게 됩니다. 이 과정에서 그간 지내 왔던 삶과 어느 정도 거리를 두며 신자로서의 품격에 맞는 거룩한 삶을 살고자 노력해야 합니다. 신앙생활은 그에 걸맞은 윤리적인 삶을 살아가도록 요구하기 때문입니다.

예컨대 남성의 경우, 전보다 술과 담배를 자제하거나 유흥에 빠져 흥청망청하던 습관을 과감히 끊기도 합니다.

또한 다른 사람들의 험담을 하는 나쁜 습관을 끊으려 노력하거나 사마리아 사람처럼 주위의 어려운 사람들을 돌아보며 그들을 도와주기도 합니다. 여성의 경우에는 화려한 명품이나 화장으로 치장하는 대신 신자의 품위에 맞는 단아한 옷을 입고, 언행을 겸손하게 하려 노력합니다. 물론 신앙생활 초기에는 이렇게 하기가 어렵습니다. 오랫동안 세상의 가치와 기준에 따라 쾌락을 누리며 살아왔기 때문에, 그런 것들에 대한 유혹을 단번에 끊어 내기란 좀처럼 쉽지 않습니다.

그러나 우리는 세례 때에 "여러분은 세속과 육신과 악마를 끊어 버립니까?" 하는 신부님의 말씀에 주님의 은총에 의지하며 용기 있게 "예, 끊어 버립니다."하고 대답함으로써 신앙의 여정에 들어섰습니다. 그렇게 우리는 '하느님'이라는 거룩한 완덕의 산 정상을 향해 첫 발을 내디딘, 주님을 향해 오르는 '영적인 등반가'라고 할 수 있습니다.

무엇이든 처음은 어렵습니다. 어려움을 푸는 열쇠는 이미 습관이 되어 버린 세속적인 즐거움과 사치를 끊어 내는 데 있습니다. 등산로 초입에서 파전에 막걸리 한 잔을

들이키는 달콤한 유혹을 뿌리치고 수많은 음식점 사이를 용감히 걸어 나가야 본격적으로 산에 오르는 호젓한 오솔길을 만날 수 있는 것처럼 말입니다. 영성 생활에서는 이 단계를 통상 '정화의 길'이라고 부릅니다.

영세를 받고 성실히 신앙생활을 하는 가운데 세속의 유혹을 멀리하고 욕망에 맞서 싸우는 사람은 시간이 지나면서 차츰 좋은 습관이 몸에 배기 시작합니다. 자주 성경을 읽고 묵주 기도를 하는 가운데 점차 주님을 알고 사랑하게 됩니다. 그리고 매일의 삶을 하느님의 말씀대로 살기 위해 주님께서 가르쳐 주신 사랑의 계명을 실천하기 시작합니다. 거리를 지나다가 노숙자를 보면 그냥 지나치지 않고 조금이라도 그분들을 도와주며, 이웃의 독거노인들을 종종 방문해서 필요한 게 없는지 살펴 주기도 합니다. 또한 가난하고 소외된 사람, 사회적인 불의로 피해를 입은 사람들을 솔선수범해서 돕기도 하고, 사회 정의를 바로 세우기 위해 할 수 있는 것들을 찾아 실천합니다. 인간의 이기심으로 위기에 처한 생태계를 살리기 위해 쓰레기를 분리해서 버리고, 플라스틱 봉투를 사용하지 않으며.

일회용 컵 대신 머그컵을, 합성 세제 대신 친환경 세제를 사용합니다.

또한 예수님을 더 많이 알고 사랑하기 위해 아침저녁으로 틈틈이 시간을 내서 성체 조배를 하기도 하고, 주말에는 가끔 호젓한 피정의 집을 찾아가기도 합니다. 본당의 성경 학교나 교구에서 운영하는 교리 신학원에 등록해서 열심히 공부도 하고, 거룩한 독서나 영신수련 같은 것을 배워 기도 생활에 맛을 들이기 시작합니다. 이렇게 해서 마치 능선을 타듯이 본격적으로 신앙생활을 하며 덕을 닦고, 주님을 더욱더 깊이 알고 사랑하는 삶을 살아가게 됩니다. 이것이 바로 '조명의 길'입니다.

마지막으로, 이렇게 성심을 다해 오랫동안 신앙생활을 하다보면 어느새 신앙이 무르익고 하느님과 이웃을 향한 사랑이 아주 깊어지게 됩니다. 그리하여 바오로 사도의 말씀처럼, 주님께서 우리 안에 살고 우리도 주님 안에 사는 아주 높은 경지에 이르게 됩니다. 이 상태에 이른 사람은 오직 주님의 뜻만을 찾고 그분을 만유 위에 사랑합니다. 그것은 흡사 연인이 오랜 세월 동안 서로 사랑하며 대화하고 삶을 동반하는 가운데 영육을 온전히 일치하며 살아가는 모습과 비슷합니다. 그래서 주님과 이 정도 수준으로 사랑의 일치를 이루며 살아가는 단계를 '일치의 길'이라 부릅니다. 이는 신앙인들이 도달하기 위해 노력해야 하는 신앙생활의 목적입니다.

그러나 하느님과 온전한 일치를 이루는 것은 이 세상에서는 불가능합니다. 인간은 많은 한계를 안고 살아가며, 하느님은 우리의 본성을 무한히 초월해 계신 분이기 때문에 우리 존재의 그릇 안에 그분을 온전히 담아낼 수는 없습니다. 그래서 '일치의 길'이 완성에 이르는 것은 이 세상의 모든 한계로부터 해방되는 죽음 이후라고 합니다.

지금까지 여러분의 이해를 돕기 위해 몇 가지 비유를 들어 인간이 하느님께 이르는 여정에 대해 살펴보았습니다. 이제 이 여정에 대해 좀 더 구체적으로 설명해 보도록 하겠습니다.

"나의 비둘기, 나의 티 없는 여인은 오직 하나
그 어머니의 오직 하나뿐인 딸
그 생모가 아끼는 딸.
그를 보고 아가씨들은 복되다 하고
왕비들과 후궁들은 칭송한다네.

새벽빛처럼 솟아오르고
달처럼 아름다우며
해처럼 빛나고
기를 든 군대처럼 두려움을 자아내는
저 여인은 누구인가?"(아가 6,9-10)

1) 정화의 길

회심, 하느님을 향하다

하느님을 향한 여정에서 인간이 첫 번째로 거치게 되는 단계를 통상 '정화의 길'이라고 부릅니다. 그 이유는 무엇일까요? 앞서 인간이 영적 여정을 거쳐서 도달하게 될 목표 가운데 하나로 '하느님과의 사랑의 합일'이라는 표현을 소개한 바 있습니다. 우리가 믿고 고백하는 하느님은 인격적인 하느님이십니다. 또한 그분은 사랑의 하느님이십니다. 따라서 우리가 신앙생활을 통해 완성해야 할 것은 그분과의 사랑입니다. 이것은 두 인격체가 서로를 받아들여 사랑으로 하나가 되는 여정을 의미합니다.

그런데 두 남녀 간의 사랑이 완전하게 실현되려면, 서로에 대한 사랑이 온전하고 순수해야 합니다. 예컨대, 상대방을 사랑한다면서 뒤로는 다른 사람과 교제를 한다면, 연인을 향한 사랑은 갈라질 수밖에 없고, 그 사람을 온전히 사랑할 수 없으며, 결국 그와 충만한 사랑의 삶을 영위할 수 없을 겁니다. 상대방이 자신이 아닌 다른 사람에게 눈길을 돌리면 기분이 나쁘고 질투심이 생기는 건 당연한 일입니다. 상대방으로부터 온전히 사랑받을 때, 우리 역시 그 사랑에 온전히 응답할 수 있습니다.

그러므로 사랑하는 연인과 충만하고 완전한 사랑을 이루고자 한다면, 사랑하는 사람에게 온전히 가 있지 않은 자신의 마음을 가다듬고, 그 연인 몰래 교제하던 다른 사람과의 관계를 정리해야 합니다. 한마디로 사랑의 구조

조정이 필요하단 이야기입니다. 이것을 신학적으로 표현하면 '사랑의 정화'라고 합니다. 하느님과 진정 충만하고 완전한 사랑을 이루려면, 먼저 그분을 향하지 않는 사랑의 에너지를 거둬들여서 하느님께로 몰아가야 합니다. 여기에는 하느님이 아닌 다른 사람이나 사물을 향해 있던 자신의 마음을 돌이키는 작업이 필요합니다. 이를 영성적으로 말하면 '회심'이라고 합니다. 회심은 본래 그리스어로 '메타노이아metanoia', 즉 방향을 선회하는 것, 무엇보다도 하느님을 향해 삶의 방향을 바꾸는 것을 의미합니다. 지금까지 이기적이고 세속적이었던 삶의 방식을 바꾸고 주님을 향해 걸어가겠다고 하는 메시지가 여기에 담겨 있습니다.

정화의 길을 걷는 사람들

영세 받은 지 얼마 안 되어 신앙생활에 갓 입문한 사람들은 아직 영성적인 차원에서 제대로 사리분별을 할 줄 모릅니다. 하느님의 뜻이 무엇인지, 예수님이 어떤 분인지 잘 모르며 교회가 전하는 신앙의 가르침에 대해서도 잘 모르기 때문입니다. 그래서 얼마 안 가 냉담하기도 하고, 마지못해 주일 미사에 참례하더라도 아주 소극적일 때가 많습니다. 몇 개월 동안 교리 공부를 했다고는 하지만 간신히 까막눈만 벗어났을 뿐 신앙인이 어떻게 살아야 하는지 제대로 감을 잡지도 못하며, 그렇게 살고 싶은 원의도 많이 부족한 것이 정화의 단계에 있는 사람들에게서 흔히 볼 수 있는 모습입니다. 그래서 종종 미사를 거르는 것을 비롯해 주위 사람들에게 언행을 함부로 해서 애덕을 거스르기도 하고, 남의 험담을 하는 등 소죄小罪를 범하기도 하며, 드물게는 대죄大罪에 떨어지기도 합니다.

이 단계에 있는 신자들이 죄에 자주 떨어지는 것은 그들이 복음에서 주님이 가르치는 대로 살려 하기보다는 자신의 이기적인 욕망에 따라 살고자 하는 욕심이 앞서기 때문입니다. 신자가 되었다고는 하나, 아직 많은 부분에서 이기심이 앞서기 때문에 하느님의 뜻이나 이웃에 대한 사랑보다는 자신의 이익을 앞세우려 들고, 거짓말을 하기도 하며 이해관계가 충돌하는 사람들과 싸우기도 하고 그들을 헐뜯곤 합니다. 또한 하느님이나 예수님에 대해 잘 모르고 관심도 부족하기 때문에 모든 일에서 그분의 뜻을 찾기보다는 자신의 뜻, 자신의 계획을 추구하는 가운데 자신을 드높이려는 성향이 강하게 보입니다. 또한 주위 사람들이 잘 되는 것을 보며 쉽게 질투하기도 하고 자존심을 조금만 건드려도 쉽게 화를 냅니다. 허영심도 많고 교만하며 육체적인 쾌락의 유혹에도 쉽게 넘어갑니다.

이런 초보 단계에 있는 사람들은 크게 몇 가지 부류로 나뉩니다. 우선, 신앙생활에 미지근한 사람들을 들 수 있습니다. 이들은 처음에 열심히 신앙생활에 임하지만 일정 기간이 지나면 신앙이 식고 나태함과 미지근함에 빠져 신앙생활과 관련된 일에는 전혀 관심이 없거나 뜻이 없는 사람을 말합니다. 쉽게 말해 '무늬만 신자'인 사람들이 여기에 속합니다. 신자들은 무엇보다 이런 냉담 상태에 빠지지 않기 위해 몇 배로 노력해야 합니다.

만일 이 상태에 빠졌다면, 이유가 무엇인지 곰곰이 살펴서 그것에 맞서 싸워야 합니다. 전통적으로 교회는 이런 태도를 '영적 전투'로 불러 왔습니다. 자신의 자연적인 본성과 이기적인 욕심을 거슬러 싸우는 가운데 하느님을 향해 나아가는 투쟁, 이를 '영적 전투'라고 합니다.

그런가 하면 이보다는 좀 더 열심인 사람들도 있습니다. 이 부류는 크게 회심한 후 하느님을 향해 성실히 걷기 시작한 사람들을 말합니다. 이들은 비록 자신의 나약함과 그간 몸에 밴 세속적인 습관으로 인해 종종 소죄에 떨어지긴 하지만, 더 이상 하느님의 마음을 크게 상하게 하는 대죄에는 빠지지 않으려 의지적으로 노력합니다. 그리고 틈틈이 시간을 내어 기도하기도 하고 주님을 좀 더 잘 알기 위해 성경을 펼쳐 보기도 합니다. 그러나 아직 자신이 가야 할 목표에 대해 정확히 알지 못하고, 그간 몸에 밴 불완전한 습관으로 인해 원하는 만큼 빨리 진보하지는 못합니다. 여하튼, 이들은 꾸준히 노력하는 가운데 나름대로 성실한 신앙생활을 해 나갑니다.

다음으로 이 단계에서 가장 열심인 사람들이 있습니다. 이들은 영성 생활에서 진심으로 진보하기를 갈망하는 순수한 원의를 간직하고 있습니다. 소극적인 차원에서 대죄와 소죄를 피하는 데에만 머무르지 않고, 적극적으로 하느님과 교회를 위해 구체적인 무언가를 하고 싶어 합니다. 예컨대 분주한 직장 생활 중에도 시간을 쪼개서 정기적으로 봉사 활동을 하거나 단체에 가입해서 본당 공동체의 발전을 위해 성심껏 봉사하기도 합니다. 그리고 성사 생활을 충실히 합니다. 주일 미사뿐만 아니라 평일 미사에도 참례해 성체를 영하며 주님과 일치하고 그분과 눈을 맞추는 가운데 그분과의 관계를 돈독히 해 나갑니다. 이들은 좋은 영적 지도자를 만났을 때 일취월장日就月將할 수 있는 잠재적인 가능성이 많습니다.

지금까지 정화의 길에 있는 여러 부류의 사람들에 대해 살펴보았습니다. 이들은 대체로 세속적인 유혹에 많이 흔들리는 사람들로서 사람, 사물, 취미에 애착하고 자주 소죄에 떨어집니다. 그래서 다른 어느 단계보다도 더 자주 회심하는 가운데 끊임없이 하느님을 향해 마음을 곧추세우며 주님을 향한 마음을 정화해야 합니다. 회심하기 위해서는 고해성사를 자주 봐야 합니다. 또한 유혹에 취약하기 때문에, 유혹에 맞서 싸우기보다는 죄지을 가능성을 피하는 게 상책입니다. 그리고 작은 고행을 실천하는 가운데 애착과 욕망을 가다듬어 주님을 향한 사랑의 에너지를 하나로 모아야 합니다.

이 시기에 있는 사람들은 아직 하느님에 대해, 예수님에 대해 잘 모릅니다. 그래서 성경, 특히 신약 성경을 자주 읽으며 예수님과 친숙해지는 시간을 가져야 합니다. 그리고 신앙의 여정을 함께 걸으며 좋은 자극이 되어 주는 벗이 있다면 큰 힘이 되겠죠.

영적 전투의 시기

앞서 말했듯이, 이 시기를 특징짓는 중요한 요소 중에 하나는 소위 '영적 전투'입니다. 죄로 기우는 다양한 유혹에 맞서 싸우는 것, 특히 하느님을 배제한 채 이기적인 욕망을 채우려는 본성에 맞서 싸우는 것을 말합니다. 이 시기에는 영적으로 많이 미성숙하기 때문에, 조명의 길이나 일치의 길에서보다 죄로 인도하는 다양한 유혹에 훨씬 더 자주 끌립니다.

영적 전투는 '칠죄종七罪宗'에 대항해 싸우는 것으로 표현됩니다. 칠죄종은 우리를 죄로 이끄는 일곱 가지 죄의 뿌리 또는 성향을 말합니다. 그 자체가 죄는 아니지만 영성 생활에서 개별적인 죄보다 더 큰 위협이 되는 죄의 원천이라고 할 수 있습니다. 칠죄종은 아담과 하와가 원죄를 지은 이후 우리 영혼 안에 자리 잡은 탐욕이 일곱 가지로 분화된 것으로 교만, 인색, 음욕, 탐욕, 분노, 질투, 나태를 가리킵니다.

성성聖性을 향한 일대결심

마지막으로 정화의 길에 있는 사람들은 성성을 향한 분명한 열망을 지녀야 한다는 점을 말씀드리고 싶습니다. 어떤 길을 가든 도달하고자 하는 목표에 대한 분명한 의식이 있어야 길에서 만나는 많은 어려움에도 굴하지 않고 끝까지 갈 수 있습니다. 목표에 대한 분명한 의식이 없다면 굳이 길을 걸어야 할 필요도 느끼지 못하기 때문에 걸음에 힘을 받지 못할 뿐만 아니라 조금만 힘이 들어도 쉽게 포기해 버리고 맙니다. 그러므로 자신이 왜 영적인 여정에 들어섰으며, 어떤 목표를 향해 나아가야 하는지 분명히 알아야 합니다.

그리고 목표를 분명히 알았다면, 길을 떠나면서 항구함의 은총을 하느님께 청해야 합니다. 이 길을 가면서 만나게 될 어떠한 장애물에도 굴하지 않고 무슨 일이 있어도 끝까지 가겠다는 결심을 해야 합니다. 몇 번 어려움에 부딪혔다고 해서 중도에 포기해 버린다면, 차라리 시작하지 않은 것보다 못합니다.

예수의 데레사 성녀는 이 여정을 시작하는 사람이 지녀야 할 자세로 '일대결심一大決心'을 촉구했습니다. 그것은 무슨 일이 있더라도, 심지어 죽는다 해도 끝까지 이 길을 가겠다는 하느님을 향한 원대한 결심을 뜻합니다. 그래야 어떤 어려움이 있어도 끝까지 이 길을 내달릴 수 있습니다. 주님을 향한 원의가 부족하다면, 마음 깊은 곳에서부터 성성聖性을 향한 원의를 일으켜 달라고 하느님께 은총을 청하시기 바랍니다. 만일 이 원의를 일으키고자 하는 원의마저 부족하다면, 주님께서 이를 허락하시도록 기도하시기 바랍니다. 당신 자녀들의 필요를 그 누구보다 잘 아시고, 언제든 우리에게 가장 좋은 것을 주려고 준비하시는 주님께서 분명 성성聖性을 향한 깊은 원의를 일으켜 주시리라 믿습니다.

아기 예수의 데레사 성녀가 보여 준 모범은 이 길을 시작하는 초보자들에게 시사하는 바가 큽니다. 이분은 20세기의 대표적인 성인 가운데 한 분으로, 교회 박사이자 전교 지역의 수호성인으로 추앙받는 분입니다. 열다섯 살에 리지외 가르멜 수녀원에 입회해서 9년간 봉쇄 수도 생활을 하고 스물네 살에 폐렴으로 세상을 떠난 여리고 가냘픈 여인이기도 합니다.

아기 예수의 데레사 성녀는 어려서부터 대성인大聖人이 되고 싶은 원의를 품었습니다. 어린 시절에는 영웅전을 즐겨 읽었는데, 그 책에 소개된 많은 영웅 중에서도 특히 프랑스 역사에서 대표적인 여걸女傑로 손꼽히는 잔 다르크에 매료되었습니다. 속된 말로 필이 팍 꽂힌 것입니다. 영국의 침공으로 국가가 일척간두一擲竿頭의 위기에 있을 때 분연히 일어나 나라를 구하고 모함을 받아 장렬하게 순교한 잔 다르크의 영웅적인 이야기를 읽으며 그를 본받고 싶은 강한 충동을 느꼈습니다. 그리고 그로부터 영감과 열정을 이어받아 자신도 그런 큰 영웅이 되고 싶었습니다. 한마디로, 잔 다르크는 '롤 모델'이었습니다. 잔 다르크라는 국가적인 영웅을 통해 성교회의 큰 영웅, 다시 말해 성교회를 떠받치는 대성인이 되고 싶다는 원의를 품기 시작한 것입니다. 훗날 아기 예수의 데레사 성녀가 치열한 수도 생활을 통해 발견한 '영적 어린이의 길'은 그가 아홉 살에 품기 시작한 대성인이 되겠다는 원의에서부터 시작되었습니다.

제2차 바티칸 공의회의 《교회헌장》(인류의 빛: Lumen Gentium) 5장 40항은 "어떠한 신분이나 계층이든 모든 그리스도인이 그리스도교 생활의 완성과 사랑의 완덕으로 부름받고 있다."라고 가르칩니다.

정화의 길은 하느님과의 충만한 사랑의 합일이라는 거대한 산 정상에 오르기 위한 첫걸음을 떼는 시기입니다.

이 시기에 어떤 마음을 먹고 무엇을 지향하는가에 따라 결국 그 사람은 그렇게 될 것입니다. 그가 품은 꿈은 곧 그의 미래이기 때문입니다. 세례를 통해 신앙생활에 입문한 모든 신자는 바로 이 원대한 꿈을 향해 부름받은 사람들입니다. 즉, 하느님 아버지께서 거룩하신 것 같이 거룩한 자, 성인聖人이 되도록 부름받았습니다. 그러므로 이 여정을 시작하는 여러분은 저 높은 천상의 정상에 이르겠다는 거룩한 열망을 품으시기 바랍니다. 그것도 아주 큰 성인이 되겠다는 원의를 일으키시기 바랍니다. 그 원의가 부족하다면, 그 원의를 갖고자 하는 원의를 주님께 허락해 달라고 청하십시오.

"나는 내 연인의 것
그이는 나를 원한답니다.

오셔요, 나의 연인이여
우리 함께 들로 나가요.
시골에서 밤을 지내요.

아침 일찍 포도밭으로 나가
포도나무 꽃이 피었는지
꽃망울이 열렸는지
석류나무 꽃이 망울졌는지 우리 보아요.
거기에서 나의 사랑을 당신에게 바치겠어요."

(아가 7,11-13)

2) 조명의 길

주님을 닮으려는 노력

조명의 길을 등산에 비유하면 일단 정상에 오르기 위한 효과적인 교두보인 1차 베이스캠프를 거점으로 안정적인 능선을 타는 시기와 비슷합니다. 정상으로 향하는 1차 능선까지 오르기 위해서는 가파른 길과 협곡 등을 거쳐서 계속 올라가야 합니다. 이렇게 어렵사리 일정한 능선에 오르게 되면, 등반 속도는 이전에 비할 바 없이 수월하고 빨라집니다. 이처럼 조명의 길에 도달한 사람들은 능선을 타듯이 수월하게 영적 상승의 여정으로 접어들 수 있게 됩니다.

이들은 세속에 대한 애착과 이기심으로부터 어느 정도 해방되었기 때문에 하느님을 향해 자유로이 날아갈 수 있습니다. 이를 조금 전문적으로 말하면, 세속과 자기 자신에 대한 이탈離脫이라고 합니다. 어떤 것에도 매여 있지 않기 때문에 주님께서 원하시는 곳이면 어디든 가겠다는 마음이 가득하고 실제로 그렇게 살아갑니다. 이들은 이미 전 단계에서 칠죄종을 향한 치열한 영적 전투를 치르며 고지를 넘어섰기에, 죄에 대한 유혹에 맞서 당당하게 처신함으로써 대죄는 물론 소죄도 거의 범하지 않습니다. 그리고 주님을 닮고 그분 뜻을 이루는 데 열심이기 때문에 시간과 재산을 유익하게 사용하려는 마음이 강합니다.

이 길에 들어선 사람들이 우선적으로 힘써야 하는 것은 예수님을 닮는 일입니다. 즉, 주님께서 보여 주신 모범에 따라 그분의 성덕을 적극적으로 닮고 실천하는 가운데 그분의 뒤를 따라야 합니다. 사실, 성인이 되는 데에는 어떤 거창한 지식이나 신묘한 초자연적 체험이 필요하지 않습니다. 성성聖性을 향한 길은 우리 가까이, 아니 우리 안에 이미 씨앗처럼 담겨 있습니다. 우리 영혼 깊은 곳에 이미 살고 계시는 주님을 느끼고 바라보며 그분을 닮도록 노력해야 합니다.

우리가 일생을 통해 궁구窮究해야 할 일은 예수님을 알고 사랑하고 전하는 데 있습니다. 물론 영적 여정의 전체 단계에서 주님을 닮고 그분의 일생을 묵상해야 하지만, 이 단계에서 특히 중점적으로 노력해야 할 일이라고 할 수 있습니다. 정화의 단계에서 죄로부터 회심하고 칠죄종을 거슬러 영적 전투에 임했다면, 조명의 단계에서는 이를 바탕으로 더욱 적극적으로 다양한 덕행의 고지들을 점령하는 것을 목적으로 합니다. 예수님이야말로 모든 덕행의 모범이시기 때문입니다.

기도에 더욱 전념하다

이 단계에 이른 사람들은 주님을 더 깊이 알고 사랑하기 위해 이전 단계보다 더 많이 기도해야 합니다. 기도는 주님을 만나서 인격적으로 교감하는 시간입니다. 우리의 영적 여정은 하느님과 인간 사이에 인격적인 사랑의 관계가 발전해 가는 과정이라고 할 수 있습니다. 그것은 마치 두 남녀가 서로를 알고 사귀는 가운데 사랑이 무르익어 가고 서로에 대한 사랑을 약속하며 마침내 결혼을 통해 일치해 가는 과정에 비유될 수 있습니다.

그래서 많은 영성가는 하느님과 인간 사이의 사랑을 남녀의 사랑에 비유하기를 선호했습니다. 두 남녀가 처음 만나 호감을 바탕으로 서로에 대한 사랑을 키워 가려면 자주 만나서 교감을 해야 합니다. 상대가 어떤 사람인지, 무엇을 좋아하고 싫어하며 그가 지향하는 삶의 가치관은 무엇인지, 최근에는 무엇을 했으며, 관심사는 무엇인지 알아야 그를 알고 사랑할 수 있습니다. 또한 반대로 내 삶의 가치관과 관심사, 내가 좋아하고 싫어하는 것 등 나와 관련된 것을 상대에게 알려 줘야 그가 나를 알고 사랑할 수 있는 여지가 생깁니다. 그렇게 상대와 내가 서로를 드러내고 나누는 가운데 호감은 우정이 되고, 우정은 사랑이 되며, 마침내 사랑이 무르익어 결혼까지 이를 수 있는 것입니다. 남녀 사이에서 보는 것처럼 주님과 총체적인 사랑의 교감이 일어나는 공간은 바로 '기도'입니다. 기도는 두 인격체가 만나 사랑의 씨앗을 싹 틔우고 키워 나가며 완성에 이르게 하는 못자리라고 할 수 있습니다.

정화의 단계에서는 초보적인 수준의 기도에 만족하며 형식적으로 기도할 때가 많습니다. 그러나 조명의 길에 들어선 이들은 자신을 아래로 끌어내리는 죄의 무게로부터 어느 정도 벗어나 정상을 향해 내달릴 수 있는 1차 고지의 능선을 타고 있기 때문에, 본격적으로 덕을 닦는 가운데 영적인 성장을 도모할 수 있습니다. 인간으로 하여금 영적인 성장을 도모하게 해 주는 열쇠는 예수님과의 관계 발전에 있습니다. 그리고 이를 가능하게 해 주는 못자리가 바로 '기도'입니다. 이제 이 단계에 들어선 신자는 본격적으로 예수님을 알고 사랑하기 위해 기도에 투신하게 됩니다.

수많은 성인·성녀는 교회의 역사를 통해 기도를 다양하게 규정해 왔습니다. 그리고 다양한 기도 방법을 소개하기도 했습니다. 예컨대 아우구스티누스 성인은 기도를 "하느님을 향한 마음의 정감 어린 지향"이라고 했으며, 다마스쿠스의 요한 성인은 "하느님께 마음을 들어 올리는 행위", "합당한 것을 하느님께 청하는 행위"라고 보았습니다. 반면, 니사의 그레고리우스 성인은 기도를 "하느님과의 친밀한 대화"라고 규정했으며, 데레사 성녀는 "하느님과의 우정 어린 사랑의 대화"라고 전했습니다. 각각의 정의는 기도의 일면을 특징적으로 보여 주고 있습니다.

기도는 그 방법에 따라 구송 기도, 추리 묵상 기도, 거둠 기도, 신비적인 기도 등으로 나뉩니다. 그중 구송口誦 기도는 소리 기도라고도 하는데, 이는 말로 표현되는 기도를 뜻합니다. 우리가 일상에서 자주 드리는 묵주 기도, 주모경, 성무일도를 비롯해 가톨릭 기도서에 실린 기도문을 읊으며 하는 수많은 기도가 여기에 속합니다.

구송 기도는 형식적인 기도라는 부정적인 의견도 있지

만, 기도를 어떻게 해야 하는지 잘 모르는 신자들에게는 시기와 장소에 따라 시의적절하게 기도할 수 있도록 훌륭한 안내자 역할을 합니다. 개신교에는 구송 기도가 없습니다. 모든 기도를 그때그때의 상황에 따라 자유롭게 하며, 사람들 앞에서 눈을 감고 즉흥적으로 합니다. 그런데 말을 잘하는 사람이라면 문제가 없지만, 말주변이 없는 사람은 어떻게 기도해야 할지 잘 모르는 상태에서 어설프게 기도를 시작했다가 진땀을 흘리곤 합니다. 반면 가톨릭교회는 여러 가지 기도문을 준비해 일상의 많은 순간에 어떻게 기도해야 하는지 인도해 주고 있습니다.

영성 생활에 좀 더 진보한 사람들, 예컨대 조명의 길에 들어선 사람들은 자기 내면에서 주님을 상상하고 그리는 가운데 주님과 함께 자유로이 대화하고 사랑을 나누는 기도 방법을 활용하곤 합니다. 이 과정에서 특히 영혼이 지닌 지성, 기억, 의지를 비롯해 상상, 오감 등을 활용하여 구체적으로 주님을 영혼 안에 현존시키며 그분과 다양한 차원에서 교감하고 관계를 돈독히 해 나가는데, 이를 통상 '추리 묵상 기도'라고 부릅니다. 지성을 통해 어떤 주제를 추리하고 숙고하며 성찰하는 방법을 활용한다고 해서 붙여진 이름입니다. 물론 지성과 더불어 상상력을 활용하기도 하죠. '추리 묵상 기도'는 조명의 길에 들어선 사람들이 주로 활용하는 기도 방법으로, 한국 교회에 널리 퍼져 많은 사람에게 도움을 주고 있는 '거룩한 독서(lectio divina)', '영신수련' 등이 여기에 속합니다. 이밖에도 한국 교회에는 아직 제대로 소개되지 않았지만 영성사를 통해 많은 사람의 기도 길잡이가 되어 준 방법들이 있습니다. 예컨대 술피스 기도, 거둠 기도 등이 그것입니다.

조명의 길에 들어선 사람들은 이처럼 다양한 기도 방법을 활용해서 주님을 더 깊이 알고 사랑하는 가운데 그분과의 관계를 성장시켜 나갑니다. 이들은 영성 생활의 초보 딱지를 벗어던진 사람들로서 본격적으로 영성 생활의 맛과 재미를 알고 누리는 사람들입니다. 이들은 본당 활동에 매우 적극적이며 신심 생활도 열심히 합니다. 당연히 기도에도 맛을 들여 다양한 기도 방법을 배우고 시도하는 가운데 자신에게 더욱 알맞은 기도를 찾아갑니다.

기도에 전념하는 사람들은 기도 중에 다양한 주제를 묵

상하게 됩니다. 예컨대 하느님의 세상 창조에서부터 시작해서 인류의 조상이 범한 원죄의 의미, 이스라엘의 역사를 통해 소개된 다양한 에피소드를 묵상하며 그 안에 담긴 하느님의 뜻을 추리해 내는 것입니다. 그리고 신약 성경의 각 복음서에 실린 예수님과 관련된 여러 에피소드를 묵상하며 그분의 행적과 말씀을 곱씹게 됩니다.

이를 통해 그분이 오늘 나에게 무엇을 원하시는지 성찰하고 식별함으로써 그분께 응답을 드릴 수 있습니다. 이렇게 기도하는 중에 늘 염두에 둬야 할 중요한 묵상 주제는 자기 자신에 대한 성찰, 즉 자아 인식입니다. 기도가 사랑하는 두 인격체, 즉 하느님(예수님)과 나 사이의 사랑의 교감이라고 한다면, 하느님(예수님)을 알고 그분 말씀에 귀 기울여야 할 뿐만 아니라 그분 앞에 선 나는 누구인지 알고, 내가 걸어온 삶의 역사와 나의 성격, 내가 범한 죄에 대해 알아야 합니다.

그리고 무엇보다 하느님 아버지께서 당신의 신적인 품격을 담아 사랑으로 만드신 소중한 존재가 바로 '나'라는 사실을 알고, 받아들여야 합니다. 이런 일련의 묵상 주제

중에 으뜸가는 주제라고 한다면, 단연 예수 그리스도일 것입니다. 그분이야말로 우리가 기도를 통해 끊임없이 알아 가고 사랑해야 하는 기도의 시작이자 궁극적인 종착점이기 때문입니다.

혹자는 힌두교의 초월 명상 기법이나 불교의 참선 수행 방법을 그리스도교의 기도와 접목해서 이것이 기도입네 하며 신자들에게 소개합니다. 그러나 다른 종교에서 기도하는 방법과 그리스도교에서 기도하는 방법을 어설프게 접목해서 갖다 붙이는 것은 자칫 신자들을 잘못된 길로 인도하는 잘못을 범할 수 있습니다.

초월 명상 기법에서는 소위 '만트라'라 해서, 기도를 방해하는 생각을 멈추기 위해 일정한 '단어'를 반복해서 말합니다. 이 주문을 통해 생각을 멈추고 인위적으로 무의식으로 들어가려 시도하는데, 이를 소위 신비적 관상이라고 합니다. 사람들은 이 기도를 통해 신비적인 관상에 들어가며 그 상태에서 마음의 평화를 누리고 지난날 받은 상처가 치유되는 것을 느낀다고 합니다. 그러나 이 과정에는 정작 기도의 핵심인 예수님, 그리고 예수님과의 인격적인 만남과 대화가 쏙 빠져 있습니다. 기도의 목적은 마음의 평화를 찾고 상처를 치유하는 데 있지 않고 예수님과 전인적인 사랑의 교감을 나누는 데 있습니다.

예를 하나 더 들어 보겠습니다. 불교의 참선 수행 방법 중의 하나인 단전 호흡을 도입해서 배꼽 아래에 있는 단전丹田으로 숨을 들이쉬고 내쉬며 정신을 집중하는 가운데 관상에 들어간다고 하는 기도도 있습니다. 이것 역시 혼합적인 기도로 그리스도교에는 맞지 않습니다. 이 기도를 실천하는 사람들 역시 이를 통해 마음의 평화와 고요에 이른다고 합니다. 하지만 그것이 기도의 목적은 아닐 것입니다.

평화와 고요는 주님과의 만남을 위해 적절한 분위기를 준비하는 데 그 목적이 있습니다. 그런데 분위기만 한껏 연출해 놓고 데이트의 목적인 사랑하는 연인을 만나 삶을 나누고 사랑을 나누지 않는다면, 도대체 그 평화와 고요란 무슨 소용이 있겠습니까? 그것은 흡사 바닷물에 들어가기 전에 열심히 준비 운동만 한 다음, 정작 몸을 푸는 목적인 수영은 하지 않고 운동 그 자체에만 만족하며 집으로 돌아가는 것에 비유할 수 있습니다. 마음의 평화, 고요, 상처 치유 모두 좋지만, 그것이 기도의 목적이 될 수는 없습니다. 그것이 주님과의 깊은 만남에서 얻는 효과라면 몰라도 말입니다.

'선무당이 사람 잡는다'는 말이 있습니다. 그리스도교적인 기도의 본질은 배제한 채 다른 종교의 수행 방법을 그대로 가져와서 기도의 주요 부분을 바꿔치기한다면, 그것은 그리스도교적인 기도가 아닙니다. 그것은 결코 그리스도와의 만남으로 우리를 인도해 줄 수도 없고 그분과의 관계를 성숙시켜 나갈 수도 없습니다.

인간의 주요 덕목, 사추덕

조명의 길을 특징짓는 또 다른 요소로 '사추덕四樞德'을 들 수 있습니다. 사추덕은 하느님을 향해 걸어가는 데 있어 중심이 되는 기본적인 덕을 말합니다. 또한 이것은 인간이 자연 본성적인 차원에서 성숙하기 위해 지녀야 할 윤리적인 덕이기도 합니다. 본래 그리스 철학을 대표하는 플라톤의 《국가론》에서 처음 언급되었으며, 아리스토텔레스와 그 후 스토아학파 철학자들이 받아들여 발전시킨 개념입니다. 13세기 토마스 아퀴나스 성인이 이러한 그리스 철학의 개념을 받아들여 그리스도교적인 덕의 목록 안에 통합함으로써 그리스도교의 윤리와 영성 분야에서 인간이 갖춰야 할 주요 덕목으로 자리매김하게 되었습니다.

그에 따르면, 사추덕은 하느님과 이웃을 효과적인 방법으로 사랑하게 해 줍니다. 그 네 가지 덕은 현명(prudentia), 정의(iustitia), 용기(fortitudo), 절제(temperantia)입니다. 이 덕은 인간적인 노력을 통해 얻을 수 있는 것이며, 도덕적으로 선한 행위들을 가능하게 해 주는 씨앗이며 열매라고 할 수 있습니다. 다른 모든 덕은 이 네 가지 덕을 중심으로 묶입니다. 사추덕을 이루는 네 가지 덕에 대해 간단히 살펴보겠습니다.

① 현명

현명은 모든 상황에서 우리의 참된 선을 식별하고 그것을 실행할 올바른 방법을 선택할 수 있도록 실천 이성을 준비시켜 주는 덕을 말합니다. 토마스 아퀴나스 성인은 아리스토텔레스의 가르침에 따라 '현명'을 올바른 행동 규범이라고 말합니다. 현명은 다른 덕에 규율과 척도를 일러 줌으로써 다른 덕을 인도하기에 "덕의 마부馬夫"라고도 불립니다. 양심의 판단을 직접 인도하는 것은 현명에 속합니다. 현명한 사람은 이 판단에 따라 자신의 행동을 결정하고 규제합니다. 이 덕으로 우리는 구체적인 상황에서 윤리적인 원칙을 오류 없이 적용하며, 이루어야 할 선과 피해야 할 악에 대한 의심을 극복하게 됩니다.

② 정의

정의는 마땅히 하느님께 드릴 것을 드리고 이웃에게 주어야 할 것을 주려는 지속적이고 확고한 의지를 말합니다. 하느님을 향한 정의를 '경신덕敬神德'이라고 하는데, 사람들 각자의 권리를 존중하고, 사람들에 대한 공평과 공동선을 촉진하고, 그 조화를 인간관계 안에 확립하게 하는 것이 정의입니다. 정의는 세상의 재물과 그 소유권을 존중하게 하고, 이웃의 명예나 평판을 존중하게 합니다. 정의의 하위에 속하는 덕으로는 하느님을 공경하게 하는 '경신덕'과 하느님의 대리자인 합법적인 장상의 뜻에 자신의 뜻을 복종시키는 '순명'이 있습니다.

③ 용기

용기는 어려움 중에도 단호하고 꾸준하게 선을 추구하게 해 주는 덕을 말합니다. 용기는 도덕적인 삶에서 유혹을 이기고 장애를 극복하고자 하는 결심을 확고하게 해 줍니다. 이 덕은 죽음에 대한 두려움까지도 이겨 내게 하며, 시련과 박해에 맞서 하느님을 증거하게 해 줍니다. 더 나아가 용기는 정당한 일을 옹호하기 위해 자신을 버리고 목숨까지 바칠 수 있게 하며, 어려운 일을 시도하고 실천하는 데 관여합니다.

완덕을 향한 우리의 여정에는 극복하기 어려운 장애물이 많습니다. 그것을 두려워하지 않고 앞으로 나아가려면, 장애물을 뛰어넘는 데 필요한 노력을 용감하게 실천해야 합니다. 그것이 바로 용기의 덕입니다. 용기는 삶 속에서 부딪히는 많은 시련을 하느님을 위해 그리고 세상의 구원을 위해 기꺼이 참아 내게 해 줍니다. 즉, 주님을 따르는 데 겪을 수 있는 고통, 병고, 비웃음, 중상모략 등을 인내하게 해 줍니다. 순교자들이 엄청난 박해와 고문을 꿋꿋이 참아 낼 수 있었던 것은 주님을 향한 사랑과 용기가 있었기 때문입니다. 용기는 그 하위의 덕인 '아량', '관대함', '인내'와 연관됩니다.

④ 절제

마지막으로 '절제'를 꼽을 수 있습니다. 절제는 쾌락의 유혹을 조절하고 창조된 재화를 사용하는 데에 균형을 유지하게 해 주는 덕을 말합니다. 절제는 본능에 대한 의지를 억제하게 해 주며 욕망을 단정하게 묶어 둡니다. 또한 감각적 욕망이 선을 향하게 해 주며 매사에 조심성 있게 말하고 행동하게 해 줍니다. 절제는 특히 생존을 위한 욕구인 식욕, 종족 보존을 위한 욕구인 성욕과 연관되어 있습니다. 또한 그 하위의 덕으로 '정결', '겸손', '온유'를 품고 있습니다.

인간에게 허락하신 향주삼덕

'향주삼덕向主三德'은 조명의 길을 특징짓는 가장 중요한 요소라고 할 수 있습니다. 이는 신덕(fides), 망덕(spes), 애덕(caritas)의 세 가지 덕을 뜻하며, 대신덕對神德이라고도 부릅니다. 향주삼덕은 하느님께서 인간에게 허락하신 가장 뛰어난 덕으로, 하느님과 인간 사이의 인격적인 관계를 심화시켜 주고, 하느님을 향한 인간의 여정을 진보하게 해 주는 출중한 덕입니다. 또한 용어 자체에서 이미 드러나듯 하느님과 직접적으로 관계되는 덕이기도 합니다.

하느님께서 인간을 창조하신 것은 그를 향한 당신의 계획을 구체적으로 실현하기 위해서입니다. 그러므로 인간의 현세 여정은 하느님을 향한 회귀의 여정이자 그분과의 인격적인 합일을 향한 여정이라고 할 수 있습니다.

그러나 인간이 하느님을 향해 부름받았다 할지라도 인간이 그 목적에 도달하는 것은 별개의 문제입니다. 왜냐하면 하느님은 인간의 자연 본성적 능력을 무한히 초월하시는 분이기 때문입니다. 인간이 하느님께 이르기 위해서는 그분의 도우심이 필요합니다. 하느님께서 인간을 초자연적인 영역으로 들어 올려 주실 때 비로소 하느님을 인식하고 사랑할 수 있기 때문입니다. 그것을 가능하게 해 주는 초본성적인 덕이 다름 아닌 향주삼덕입니다. 향주삼덕은 인간 영혼의 주요 기관인 지성, 기억, 의지에 작용함으로써 이 세 기관이 하느님과 인격적인 관계를 맺게 해 주는 중추적인 덕이라고 할 수 있습니다.

① 신덕

믿음은 향주삼덕 가운데 첫 번째 순서에 오는 덕입니다. 왜냐하면 인간은 하느님을 믿을 때 비로소 그분과의 관계가 열리기 때문입니다. 무엇보다도 믿음은 하느님과, 하느님께서 우리에게 말씀하시고 계시하신 것과, 거룩한 교회가 우리에게 믿도록 제시하는 모든 것을 믿게 하는 향주덕을 말합니다.

믿음은 인간이 진리를 인식하는 종교적인 방식으로서 구체적으로는 지성과 연관됩니다. 즉, 인간의 지성이 하느님을 비롯해 하느님께서 계시하신 진리를 인식하는 고유한 방식을 믿음이라고 합니다. 이 진리는 지성의 자연본성적인 능력을 초월하는 대상이므로 인간이 그것을 인식하기 위해서는 지성이 초본성적인 영역으로 들어 올려져야 합니다. 이는 인간 스스로의 힘으로는 불가능하며 하느님의 은총을 통해서만 가능합니다. 하느님께서 은총을 내려 주시어 인간의 지성에 초본성적인 능력을 부여하는 덕이 바로 믿음입니다.

무엇보다 믿음은 초자연적 생명의 기초가 됩니다. 교회는 이를 두고 믿음이야말로 성인과 의로운 사람의 근본이자 시작이라고 가르쳤습니다. 믿음은 인간이 하느님을 향해 갖는 첫 번째 자세로, 믿음이 있을 때 희망과 사랑도 주어질 수 있습니다. 한마디로, 믿음은 인간으로 하여금 하느님과 관련된 신적 보화들을 얻을 수 있게 하는 근본 바탕입니다. 인간이 초자연적인 생명으로 나아가기 위해서는 먼저 믿음을 가져야 합니다.

믿음은 또한 영적인 삶의 뿌리가 됩니다. 인간이 하느님을 향해 나아가는 여정을 영성 생활이라고 한다면, 영성 생활의 진보 여부는 믿음이 얼마나 주님께 깊이 뿌리내리고 있는가에 달려 있습니다. 그러므로 영적으로 진보하고자 하는 사람은 믿음의 기초를 튼튼히 해야 합니다. 결국 믿음은 하느님으로부터 받은 '성화'라는 보편 소명을 실현하게 하는 자양분이 되어 줍니다.

② 망덕

《가톨릭 교회 교리서》 1817항은 희망에 대해 다음과 같이 정의합니다.

"희망은 그리스도의 약속을 신뢰하며, 우리 자신의 힘을 믿지 않고 성령의 은총의 도움으로, 우리의 행복인 하늘나라와 영원한 생명을 갈망하게 하는 향주덕이다."

이 정의가 말해주듯이, 희망, 즉 망덕은 그리스도의 약속에 대한 신뢰, 즉 믿음에 바탕을 두고 있습니다. 그리고 그것은 성령의 은총의 도움을 통해 주어집니다. 또한 희망은 신앙이 궁극적으로 지향하는 목적에 대한 열망을 우리 안에 심어 줍니다. 그리하여 천상에 이르러서야 받게 될 영원한 상급을 현재화現在化하는 가운데 인간으로 하여금 그 상급을 향해 나아가게 하는 원동력이 됩니다.

희망은 하느님께서 모든 사람의 마음에 불어넣어 주신 행복을 바라는 덕입니다. 인간의 영혼 안에는 행복을 바라는 원의가 새겨져 있습니다. 그 바람은 세상 그 무엇으로도 채울 수 없습니다. 궁극적인 행복만이 그의 원의를 채워 줄 수 있기 때문입니다. 인간의 열망은 세상에서 마주하는 단편적인 행복이나 선善을 넘어서 궁극적인 행복을 바라게 합니다. 이러한 자연 본성적인 인간의 원의는 희망, 즉 망덕望德의 바탕이 됩니다.

희망은 세속적 행복에 대한 만족은 한순간일 뿐, 곧 지나가 버리고 만다는 사실을 우리에게 알려 줍니다. 그래서 우리에게 행복을 주는 세상의 다양한 사물이나 사람들을 소유할 때마저도 그 행복과 기쁨이 완전한 것이 아님을 알게 됩니다. 이렇듯 희망은 인간으로 하여금 영원한 행복을 갈망하게 함으로써 하느님을 향해 더 가까이 나아가게 하는 원동력이 됩니다.

마지막으로, 희망은 풍요로운 삶의 근원이 됩니다. 희망은 하느님과 영원한 생명에 대한 열망을 더욱더 키워 주며 우리 안에 이를 향한 강렬한 충동을 일으킵니다. 그리하여 우리가 열망하는 이 궁극적인 목적에 이를 때까지 모든 노력을 다하게 해 줍니다. 뿐만 아니라 우리의 모든 노력을 훨씬 넘어서는 보상이 천상에서 주어질 것을 미리 알려 줌으로써 지상에서 천상의 지복을 맛보게 해 줍니다. 이를 통해 우리로 하여금 결코 좌절하지 않고 모든 불가능을 넘어 마지막까지 희망할 수 있게 해 줍니다.

③ 애덕

사랑, 즉 애덕愛德은 향주삼덕 가운데 가장 으뜸이 되는 덕입니다. 그 이유는 하느님만을 위하여 모든 것 위에 하느님을 사랑하고, 하느님에 대한 사랑으로 말미암아 이웃을 자신같이 사랑하게 하는 향주덕이기 때문입니다.

애덕의 일차적인 대상은 그 자체로 최고의 선이자 인간의 궁극 목적이신 하느님이고, 이차적 대상은 우리 자신과 타인들입니다. 희망과 마찬가지로 인간의 영혼 안에는 세상 그 무엇으로도 채울 수 없는 사랑에 대한 열망이 각인되어 있습니다. 이 사랑은 사랑 그 자체이신 하느님에게서 기인합니다. 왜냐하면 인간은 하느님의 모상으로 창조된 존재이기 때문입니다. 하느님은 사랑으로 인간을 창조하셨습니다. 그 사랑은 무無로부터 존재를 피어나게 하는 창조적 사랑이자 무상적인 사랑입니다. 이제 하느님을 향한 이 세상의 여정에서 인간이 이루어 가야 할 근본적인 소명은 사랑이신 하느님, 자신을 사랑으로 내신 하느님께 사랑으로 응답하는 가운데 궁극적으로 그분과 더불어 인격적인 사랑의 합일을 이루는 것입니다.

인간이 지향해야 할 궁극적인 사랑의 대상인 하느님은 인간의 본성을 무한히 초월해 계신 분입니다. 따라서 인간 안에 자연 본성적으로 하느님을 향한 사랑이 주어졌다 해도 곧바로 본성적인 영역을 넘어 초자연적인 영역으로 들어 올려져 실제로 하느님과 사랑의 합일을 이룰 수 있는 것은 아닙니다. 그것은 인간의 능력을 넘어서는 일입니다. 하느님은 바로 '애덕'을 통해 인간에게 이러한 초자연적인 능력을 부여해 주십니다.

인간 영혼의 능력 가운데 사랑하는 능력은 기본적으로 '의지'에 속합니다. 그러므로 '애덕'이라는 향주덕은 의지 안에 주입되어 의지를 초본성적인 영역으로 들어 올려 줍니다. 또한 사랑의 기본적인 속성은 사랑하는 주체와 사랑을 받는 대상 간의 일치를 지향합니다. 따라서 애덕은 인간의 의지에 작용해서 인간의 힘으로는 불가능한 하느님과 인간 사이의 사랑의 합일을 가능케 해 줍니다. 이 사랑의 합일이야말로 하느님께서 영원으로부터 인간을 위해 준비하신 원대한 계획이며, 허무에 불과한 인간이 길이요, 진리요, 생명이신 하느님과 인격적인 결합을 이루는 놀랍기 그지없는 사건입니다.

"예루살렘 아가씨들이여 그대들에게 애원하니
우리 사랑을 방해하지도 깨우지도 말아 주오,
그 사랑이 원할 때까지.

인장처럼 나를 당신의 가슴에,
인장처럼 나를 당신의 팔에 지니셔요.
사랑은 죽음처럼 강하고 정열은 저승처럼 억센 것.
그 열기는 불의 열기
더할 나위 없이 격렬한 불길이랍니다.

큰 물도 사랑을 끌 수 없고
강물도 휩쓸어 가지 못한답니다.
누가 사랑을 사려고 제집의 온 재산을 내놓는다 해도
사람들이 그를 경멸할 뿐이랍니다."(아가 8,4; 6-7)

3) 일치의 길

하느님과의 사랑을 완성하다

일치의 길은 하느님을 향한 인간의 영적 여정이 마침내 목적지에 도달한 단계를 말합니다. 등산에 비유하자면, 산 정상에 이르는 것이라고 할 수 있습니다. 이 시기는 하느님과 인간 사이에 사랑의 관계가 완성되는 마지막 단계를 의미합니다. 신비가들은 이 단계를 일컬어 마치 두 남녀가 사랑을 약속하고 마침내 결혼에 이르는 것과 유사하다고 해서 영적 약혼, 영적 결혼으로 표현하기도 합니다.

이 단계에 이른 사람들은 하느님과 더불어 깊은 사랑의 일치를 누립니다. 자신이 그토록 열망했던 그분을 뵙고, 그분과 사랑으로 온전히 일치해 있기 때문에 기쁨과 평화 가운데 충만함을 누립니다. 또한 하느님을 온전히 지복직관하게 됩니다. 이들은 자신 안에 현존하시는 하느님의 영광만을 위해 살며 그분을 세상 사람들에게 전하고 그들을 하느님께 데려가기 위해 혼신의 노력을 다합니다. 그들이 사는 유일한 목적은 하느님을 찬양하고 그분을 위해 봉사하며 경배하는 데 있습니다. 그래서 이 단계에 이른 사람들은 오직 하느님에 대한 사랑으로 산다고 합니다. 바오로 사도의 말씀처럼, 그리스도께서 내 안에 사시고, 나 역시 그분 안에 온전히 사는 상태라고 할 수 있습니다 (갈라 2,20 참조).

이 상태에 있는 사람은 혼신을 다해 주님을 사랑하며 오직 이 목적에만 관심을 두기 때문에 자신으로부터 온전히 이탈해 있습니다. 그리고 자신의 생각과 뜻과 행위를 모두 하느님께서 다스리시고 성화하시며 인도하시도록 주님께 온전히 내어 맡깁니다. 또한 성심을 다해 성사 생활을 하며, 특히 성찬례를 삶의 중심에 둡니다. 성찬례, 즉 미사는 인류를 향한 하느님의 구원 역사의 정점인 그리스도의 죽음과 부활을 재현함으로써 오늘 새롭게 그분의 구원 은총을 전해 주는 예식입니다. 따라서 성찬례는 영성 생활의 중심으로서 우리를 완덕의 정상으로 인도해 줍니다. 인간은 성찬례를 통해 빵과 포도주의 형상 안에 오늘 새롭게 강생하신 그리스도와 사랑으로 일치할 수 있습니다.

하느님만을 바라보는 삶

이 단계에 도달한 사람들은 몇 가지 특징을 지닙니다. 누군가 연인과 사랑에 빠져 그 사람과 깊은 사랑의 일치 속에 살고 있다고 상상해 보면 쉽게 이해할 수 있습니다.

예컨대, 연인과 결혼하여 모든 면에서 깊은 사랑의 일치를 이루고 있다면, 두 사람은 많은 면에서 깊은 평화와 기쁨, 행복감을 누리고 있을 겁니다. 또한 서로를 깊이 사랑하기에 오직 상대방만이 유일한 관심의 대상일 겁니다. 그리고 혹여 배우자가 원치 않는 것, 싫어하는 것을 말하거나 행하지 않도록 언행을 조심할 겁니다. 물론, 실제 부부의 삶에는 고려해야 할 많은 요소가 있지만, 적어도 진심으로 사랑하는 부부 관계는 그래야 할 겁니다. 이러한 부부 관계를 일치의 단계에 도달한 사람과 하느님 사이의 관계에 적용해 보면, 이 단계에 있는 사람들이 보여 주는 특징적인 모습을 어느 정도 이해할 수 있을 것입니다.

 이들은 오직 하느님만을 바라보며 그분을 향해 한결같은 삶을 살아갑니다. 마치 남편이 아내만을, 아내가 남편만을 바라보며 사랑에 충실한 가운데 살아가듯이 말입니다. 또한 연인들이 자주 서로를 바라보며 기뻐하는 것처럼, 이 단계에 있는 사람들은 하느님을 바라보기를 좋아합니다. 이것을 전문적인 용어로 '관상觀想'이라고 하죠. 이 사람들은 늘 마음 안에 주님을 모시며 그분과 함께 살아갑니다. 그리고 이렇게 마음속에 그분을 모시고 관상하는 데 방해받지 않기 위해 다른 사람들이나 사물들과 어느 정도 거리를 두고 살아갑니다. 그렇다고 사람들을 사랑하지 않는 것은 아닙니다. 하느님을 중심으로 사랑의 질서를 유지하기 위해 노력하는 것입니다. 그래서 다른 사람들로부터 오는 어떤 애정에도 사로잡히지 않도록 노력합니다.

연인들이 사랑을 속삭이기 위해 둘만의 시간과 장소를 찾는 것처럼, 일치의 길을 걷는 사람도 고독과 침묵을 즐깁니다. 그리고 자신의 마음 안에 하느님과 대화할 수 있는 작고 내밀한 방을 만듭니다. 그곳은 누구도 침범할 수 없는 하느님과 그만이 만나는 지밀至密로서 마치 부부의 침실과 같은 곳이라고 할 수 있습니다. 그곳에서 누구의 방해도 받지 않은 채 깊은 사랑의 밀어蜜語를 나눕니다.

또한 이 상태에 있는 사람은 주님과 깊은 사랑의 일치를 누리고 있기 때문에 정서적으로 안정되어 있으며 기쁨과 평화를 유지합니다. 자신을 향한 주님의 깊은 사랑과 현존을 확신하기 때문입니다. 하느님은 이 상태에 있는 사람을 자주 방문하시어 그에게 당신의 깊은 사랑을 보여 주시고 대화를 나누신다고 합니다. 《준주성범》 2권 1장의 1절에서는 이를 다음과 같이 전합니다. "그분은 내적 생활을 하는 사람을 자주 찾으시며, 그와 더불어 기쁘게 이야기하시고, 기쁜 위로를 주시며, 평화를 가득히 내려 주시고, 놀라운 우정을 보여 주신다."[2]

사랑으로 교감하는 관상 기도

또한 이 단계의 특징으로 기도가 아주 단순하면서도 깊은 사랑을 바탕으로 이루어진다는 점을 들 수 있습니다. 이 단계에서 이루어지는 기도를 전문적인 용어로 '관상 기도' 또는 '신비적인 기도'라고 합니다.

2단계인 조명의 길에서 인간의 지성이나 상상 같은 기능이 주된 역할을 하며 기도가 이루어진 반면, 이 단계에서는 지적인 추론이나 상상보다는 '사랑' 그 자체에 바탕

---

2 토마스 아 켐피스, 《준주성범》, 가톨릭출판사, 2011.

을 두고 하느님과 영혼이 직접 교감하게 됩니다.

서로를 깊이 사랑하는 연인은 그리 많은 이야기를 나누지 않아도 눈길 한 번, 말 한마디로 상대방의 상태를 알아채고 그가 무엇을 원하는지 압니다. 그것은 깊은 사랑과 신뢰에 바탕을 둔 직감적인 사랑의 교감입니다. 이처럼 깊은 사랑의 교감을 바탕으로 하는 기도 방식을 소위 '관상 기도'라고 부릅니다.

일치의 단계에서 이루어지는 관상 기도는 주님을 관상하는 정도에 따라 그 단계가 달라집니다. 관상 기도의 단계를 소개하기에 앞서 '관상'이라는 용어에 대해 짚고 넘어가겠습니다. 교회 안에서 '관상'이라는 말은 다양한 의미로 사용되고 있습니다. 그래서 이 용어가 어떤 의미인지, 어떤 관점에서 사용하고 있는지 입장을 분명히 정하지 않고서 단순히 '관상'이라고 하면, 자칫 오해를 불러올 수 있으며 잘못된 결론에 이를 수도 있습니다.

예컨대 프란치스코회와 예수회, 가르멜회와 베네딕토회에서 언급하는 관상의 개념은 서로 조금씩 다릅니다. 프란치스코회의 창립자인 프란치스코 성인은 피조물들을 형제이자 자매라 부르고, 그들 가운데 드러난 하느님의 흔적을 관상하며 주님께 찬미와 감사를 드렸습니다. 예수회의 창립자인 이냐시오 성인은 '영신수련'이라는 기도 방법을 통해 하느님께로 나아가는 길을 소개했습니다. 영신수련에서 주로 강조되는 것은 지성과 오감, 상상을 활용한 추리 묵상이며, 이러한 능동적인 노력 끝에 주님을 마음의 눈으로 바라보는 것을 '관상'이라고 보았습니다. 베네딕토회에서 말하는 '거룩한 독서' 역시 마찬가지입니다. 성경을 기본 재료로 해서 독서, 묵상, 기도, 관상의 순서로 기도를 발전시키게 되는데, 여기서 말하는 '관상' 역시 인간이 의지적인 노력을 통해 이르는 상태를 말합니다. 쉽게 말해 관상은 자신이 묵상한 복음의 어느 장면 속에 계신 예수님을 마음의 눈으로 바라보는 것을 말합니다. 넓은 의미에서 본다면, 이 역시 이냐시오 성인이 말하는 '능동적 관상'과 그리 다를 바 없습니다.

반면, 가르멜회의 창립자인 예수의 데레사 성녀는 이들과는 상당히 다른 관점에서 '관상'에 대해 이야기했습니다. 물론 데레사 성녀 역시 인간이 추리 묵상 끝에 하느님을 관상한다고 가르치며, 영신수련이나 '거룩한 독서'에서 말하는 관상 개념에 대해서도 언급했습니다. 그러나 근본적으로 성녀가 말하는 관상은 하느님께서 당신 자신을 초자연적인 방식으로 드러냄으로써 우리가 마치 육안으로 보듯이 그분을 실제로 보는 것을 의미합니다. 이는 하느님 편에서 초자연적인 방식으로 당신 자신을 드러내는 것을 전제로 하기에, 이렇게 그분을 보는 것을 '초자연적인 관상'이라고 말합니다. 물론 이냐시오 성인과 프란치스코 성인 역시 이런 초자연적인 관상에 대해 드물게 언급하고 있습니다만, 보통 이분들이 관상이라고 말할 때는 '명상', '능동적 관상'을 가리킵니다. 반면, 데레사 성녀가 말하는 관상은 일반적으로 '초자연적인 관상' 또는 '신비적인 관상'을 의미합니다.

그래서 '관상'이라고 할 때, 어떤 관점에서 그 말을 사용하고 있는지를 고려하지 않으면, 십중팔구 다툴 수밖에 없습니다. 예컨대 한 사람이 프란치스코 성인이 말하는 '명상'의 의미를 담아 관상을 이야기하는데, 듣는 사람이 이냐시오 성인이 말하는 '능동적 관상'의 입장에서 이해한다면 전혀 다른 대답을 할 수밖에 없기 때문입니다. 또는 데레사 성녀가 '초자연적인 관상'의 관점에서 관상을 이야기하는데 이를 '명상'이나 '능동적 관상'의 관점에서 받아들인다면 전혀 대화가 되지 않을 겁니다. 현재 교회에는 이런 혼선이 분명 있습니다. 이것은 같은 '관상'이라는 용어를 사용하지만 영성 학파에 따라 부여한 의미가 다른 데서 오는 혼선입니다.

앞서 언급한 바와 같이, 관상은 크게 세 가지 종류로 나뉩니다. 명상, 자연적 관상(획득적 관상), 초자연적 관상(주입적 관상)이 그것입니다.

① 명상

명상은 자연 경관을 바라보며 감탄하는 것을 말합니다. 광활한 대지나 웅장한 산 또는 망망대해를 바라보며 자연의 경이로움을 느끼고, 웅장하고 아름다운 피조물 가운데 숨어 있는 창조주 하느님의 흔적을 감지하며, 주님을 찬미하게 됩니다. 이는 신자들뿐만 아니라 비신자들 역시 감지할 수 있는 하느님의 아름다움에 대한 관조입니다.

② **자연적 관상**(획득적 관상)

'명상'보다 좀 더 수준 높은 관상이 있습니다. 이를 '자연적 관상' 또는 '능동적 관상', 좀 더 전문적인 신학 용어로는 '획득적 관상'이라고 부릅니다. 이는 인간이 지성, 의지, 오감, 상상력 등을 통해 노력하는 가운데 획득하게 되는 하느님께 대한 관상을 말하며, 주로 다양한 추리 묵상 기도를 통해 얻게 됩니다.

③ **초자연적 관상**(주입적 관상)

마지막으로, '초자연적 관상' 또는 '신비적 관상'이라고도 하는 '주입적 관상'의 단계가 있습니다. 이는 인간의 노력으로 도달할 수 있는 단계가 아닙니다. 하느님께서 초자연적인 은총 작용을 통해 선사해 주시는 관상으로, 인간의 본성적인 능력을 무한히 초월하는 관상이라 해서

'초자연적 관상'이라고도 하고 하느님께서 당신의 은총 작용을 통해 인간의 영혼 안에 거저 부어 주시는 관상이라 해서 '주입적 관상'이라고도 부릅니다.

　주입적 관상의 대상은 초자연적인 은총 작용을 통해 자신을 드러내시는 하느님으로, 이렇게 초자연적으로 드러나는 하느님을 보는 것을 '현시visio'라고 합니다. 이것은 하느님께서 원하시는 사람에게 원하시는 때에 원하시는 방식으로 일어나는 지극히 드문 초자연적인 현상으로, 인간이 노력한다고 얻을 수 있는 관상이 절대 아닙니다.

　그렇다면 영성 생활의 마지막 단계인 일치의 길에서 이루어지는 기도 방식, 즉 관상은 이 셋 중에 어떤 관상을 말하는 것일까요? 일치의 길에서 이루어지는 기도는 초자연적인 관상, 즉 하느님께서 특별한 은총을 통해 영혼 안에 부어 주시는 주입적 관상 또는 신비적 관상입니다. 관상 기도를 깊이 체험하고 여러 작품을 통해 상세히 전해 준 예수의 데레사 성녀는 초자연적인 관상 기도를 다음과 같이 구분했습니다.

- 수동적 거둠 기도
- 고요의 기도
- 능력들의 수면 기도
- 단순한 합일
- 충만한 합일(영적 약혼)
- 변모적 합일(영적 결혼)

데레사 성녀는 이 신비적 단계를 깊이 있게 체험했습니다. 그런데 이처럼 작품을 통해 아주 구체적인 설명을 남긴 성인은 매우 드물기 때문에, 통상 영성 신학 교과서에서는 이 단계를 다룰 때 데레사 성녀의 설명을 그대로 받아들여 소개합니다. 여기서 여러분에게 이 어려운 단계들을 하나하나 다 설명하지는 않겠습니다. 다만 여기서 짚고 넘어갈 것은, 신비적인 기도의 여섯 단계는 하느님과 인간 사이에 사랑의 밀도가 깊어지는 정도에 따라 발전되며, 이 과정에서 인간의 의지는 온전히 하느님에 대한 사랑으로 불타오르는 반면, 지성과 기억은 잠든 것처럼 꼼짝 못하거나 적어도 그 기능을 제대로 발휘하지 못한다는 겁니다. 그래서 이 점을 표현하기 위해 '고요의 기도'니 '능력들의 수면 기도'니 하는 기도 이름이 붙은 겁니다.

여하튼, 영적 여정의 최고봉은 연인이 사랑에 빠져 약혼을 하고 결혼을 함으로써 몸과 마음이 온전히 일치하듯 하느님과 인간 사이에 충만한 사랑의 일치가 일어나는 단계를 말합니다. 이를 통해 인간은 하느님의 신성神性에 참여하는 가운데 하느님처럼 변모됩니다. 이로써 인간은 삼위일체 하느님과 충만한 사랑의 친교를 맺고 지복至福을 누리게 됩니다. 그러나 이 세상을 살아가는 인간에게는 하느님과 사랑의 일치를 이룸으로써 지복을 누리는 일이 하느님의 특별한 은총에 의해 일시적으로 일어날 뿐입니다. 이를 충만하게 지속적으로 누리는 것은 죽음의 강을 건넌 후 천상에 가서의 일입니다.

성령의 은혜로운 선물

일치의 길을 특징짓는 중요한 요소 가운데 하나로 '성령칠은聖靈七恩'을 들 수 있습니다. 이는 일치의 길에 들어선 사람들이 다양한 측면에서 더 깊이 하느님과 일치하게 해 주는 성령의 은혜로운 선물, 즉 은사恩賜를 말합니다.

이 일곱 가지 은사는 조명의 길에 있는 사람들이 닦는 사추덕과 향주삼덕에 비해 탁월하게 우리 영혼 안에 작용함으로써 하느님을 향한 마지막 항해의 여정에 큰 힘을 불어넣어 줍니다. 그래서 흔히 조명의 길에 속하는 사추덕, 향주삼덕과 일치의 길에 속하는 성령칠은을 다음과 같이 비유하곤 합니다. 즉, 덕을 실천하는 것이 노를 저어 항해하는 것이라면, 성령칠은을 통하는 것은 돛을 달아 항해하는 것과 같습니다. 그만큼 인간이 적은 노력을 들이지만 더욱 신속하게 도달하고자 하는 목적지에 이르게 해 준다는 겁니다. 성령칠은은 우리가 하기 어려운 일을 용이하게 할 수 있도록 영혼 안에 초자연적인 습성習性을 형성해 줍니다. 동시에 우리는 성령의 선물을 받아 더욱 더 연마해야 합니다.

그런데 왜 하필이면 성령께서 주시는 은사가 일곱 가지일까요? 교회의 전승은 이를 이사야서 11장 2-3절에 근거하여 설명해 왔습니다. 이 구절에 따르면, 이사야 예언자는 메시아의 오심을 선포하면서 하느님의 영이 그분 위에 내릴 것이라고 전하는데, 그 영이 일곱 가지입니다.

구약이 예언한 메시아는 곧 예수 그리스도로서 그분은 일곱 가지 영을 충만하게 간직하고 계십니다. 그러므로 세례를 통해 그리스도의 신비체에 합체된 사람들, 그리고 그들 가운데 오랜 여정 끝에 일치의 단계에 도달한 사람들은 그리스도께서 받으신 일곱 가지 은사를 성령으로부터 받게 됩니다. 그것은 지혜(sapientia), 통찰(intellectus), 지식(scientia), 식견(consilium), 공경(pietas), 용기(fortitudo), 경외(timor)입니다.

지혜: 지혜의 은사는 사랑의 덕을 완성하는 가운데 하느님의 사랑과 빛을 불어넣어 줍니다. 지혜는 은사 중에 가장 완전한 은사입니다.

통찰: 통찰의 은사는 마음을 비추는 성령의 빛 아래, 신비를 밝히지 않고서도 계시 진리를 꿰뚫어 보는 직관력을 얻게 해 줍니다. 이는 희망의 덕을 완성시켜 줍니다.

지식: 지식의 은사는 성령의 빛 아래 하느님과의 관계 안에서 창조된 만물을 인식하게 하며 믿음의 덕을 완성시켜 줍니다.

식견: 식견의 은사는 특히 영혼이 어려운 상황에 처했을 때, 하느님의 뜻에 비추어 상황을 올바르게 식별하게 함으로써 바르게 실천하도록 도와주는 일종의 초자연적인 직관을 말합니다. 그럼으로써 현명의 덕을 완성시켜 줍니다.

공경: 공경의 은사는 영혼으로 하여금 정의의 덕에 속하는 경신덕, 즉 주님을 공경하는 덕을 완성시켜 줍니다. 그럼으로써 하느님에 대한 자녀적인 사랑과 이웃에 대한 사랑의 신심을 갖게 해 줍니다.

용기: 용기의 은사는 영혼의 의지에 힘과 자극을 불어넣어 줍니다. 그럼으로써 모든 어려움에도 불구하고 강인한 의지를 가지고 기쁘고 대담하게 고통을 받아들여 용기의 덕을 완성하게 해 줍니다.

경외: 경외의 은사는 하느님의 뜻을 거역하지나 않을까 하는 두

려움으로, 주님을 사랑하는 자녀적인 경외심을 말합니다. 경외의 은사는 우리를 하느님으로부터 멀어지게 하는 모든 것에 대해 두려움을 갖게 하며 절제의 덕을 완성시켜 줍니다.

성령칠은은 조명의 길에서 드러나는 사추덕(현명, 정의, 용기, 절제)과 향주삼덕(믿음, 희망, 사랑)을 심화하여 완성시켜 줍니다. 여러분은 성령 강림 대축일에 성령칠은 가운데 하나를 뽑는 게임을 해 본 경험이 있을 겁니다. 신기한 것은, 그때마다 자신에게 가장 필요한 은사가 뽑힌다는 겁니다. 아마도 성령께서 각자에게 필요한 것을 안배해 주신 덕분이 아닐까 싶습니다. 하지만 여전히 대부분의 사람들이 각 은사의 의미를 정확히 알지 못합니다. 지혜와 통찰 그리고 식견과 지식이 별반 다를 바 없이 거기서 거기 같고, 공경과 경외 역시 그 의미가 비슷해 보여서, 자신이 뽑은 은사가 도대체 무엇인지 잘 모르는 경우가 많습니다. 다음은 여러분의 이해를 돕기 위해 성령칠은을 표로 정리한 것입니다. 성령께서 사추덕과 향주삼덕을 소위

업그레이드해 주신 것이 성령칠은이라는 의미입니다.

성령칠은						
지혜	통찰	지식	식견	공경	용기	경외
⬆						
사랑	희망	믿음	현명	정의	용기	절제
향주삼덕			사추덕			

"정원에 있는 그대여

친구들이 그대 목소리에 귀 기울이고 있구려.

나에게만 들려주오.

'나의 연인이여, 서두르셔요.

노루처럼, 젊은 사슴처럼 되어

발삼 산 위로 서둘러 오셔요.'"(아가 8,13-14)

나가는 말

하느님에 대한 꿈을 꾸십시오

지금까지 우리는 본서를 통해 영성과 관련된 다양한 주제를 살펴보았습니다. 이 시점에서 여러분에게 한 가지 묻고 싶습니다. 여러분만의 고유한 영성은 무엇입니까? 우리는 세례를 받음으로써 우리 각자를 향한 하느님의 사랑을 의식의 차원에서 알고 받아들였으며 그 사랑에 응답하는 여정을 시작했습니다. 그 여정은 누구와도 비교할 수 없는 여러분만의 고유함과 유일무이함을 바탕에 두고 있습니다.

그러므로 여러분이 의식했든 아니든 각자의 고유한 길

을 통해 하느님의 사랑에 응답하도록 부름받은 것입니다. 그 길은 마침내 진정한 내가 되는 길이며 자신만의 영성을 완성하는 길입니다. 이제 그 누구도 아닌 바로 자신의 길을 찾고 걸어가시기 바랍니다. 그것이 하느님께서 영원으로부터 준비하신 원대한 계획이 실현되는 길이며 참된 행복의 길입니다.

여러분은 하느님께서 불러 주신 성성聖性의 산 정상에 반드시 도달하겠다는 굳은 원의를 지니기 바랍니다. 큰 꿈을 품을수록 원대한 결과에 이를 수 있습니다. 그러니 하느님에 대한 꿈을 꾸십시오. 오늘날 한국 교회가 바라는 사람은 하느님에 대한 원대한 꿈을 품고 이를 이루기 위해 투신하는 사람, 천상의 멜로디를 배우기 위해 매일의 삶 속에서 부단히 노력하는 사람입니다. 그가 바로 성인이며 이 시대가 가야 할 길을 비춰 줄 예언자입니다. 한국 교회는 바로 그에게서 새로운 희망을 보게 될 것입니다. 그 한 사람이 여러분이 되길 기원합니다.

"나는 잠자리에서 밤새도록
내가 사랑하는 이를 찾아다녔네.
그이를 찾으려 하였건만 찾아내지 못하였다네.

'나 일어나 성읍을 돌아다니리라.
거리와 광장마다 돌아다니며
내가 사랑하는 이를 찾으리라.'
그이를 찾으려 하였건만 찾아내지 못하였다네.

성읍을 돌아다니는 야경꾼들이 나를 보았네.
'내가 사랑하는 이를 보셨나요?'"(아가 3,1-3)

부록

1. 영성 신학의 주요 자료

　영성 신학은 우리 삶에서 이루어지는 영성적인 발전 과정에 대한 이론적인 체계입니다. 그러므로 한 개인의 하느님 체험 즉, 경험적인 측면을 갖고 있으며, 거기서부터 보편적인 원리를 끌어냅니다. 이러한 원리를 끌어내기 위해서는 교회가 우리에게 전해 주는 다양한 기준이 적용되어야 합니다. 한 개인의 하느님 체험을 교회 교도권의 가르침과 성경, 성전에 기반해 성찰하는 작업, 조직 신학에서 도출된 결과와 비교해 보는 작업, 여러 성인, 성녀들이 남겨 준 작품에 비춰 성찰하는 작업이 필요합니다.

　이 모든 것이 하나로 어우러졌을 때 인간이 하느님과 합일에 이르는 보편적인 단계를 도출해 낼 수 있고 그 과정에서 일어나는 다양한 현상에 대해 이해하고 식별할 수 있습니다. 그러면 영성 신학의 바탕이 되는 자료에는 어떤 것들이 있는지 살펴보겠습니다.

성경과 전승

일차적인 자료는 성경과 전승입니다. 성경과 전승은 모든 신학 연구의 근본 바탕이기도 합니다. 성경은 하느님의 계시가 담긴 근본적인 규범이며, 성경이 교회 공동체 안에서 삶을 통해 꽃피운 것이 전승이기 때문입니다.

무엇보다도 성경은 하느님을 초월적이고 내재적인 존재로, 인간 존재의 시작이자 궁극 목적으로 소개하고 있습니다. 또한 성경의 일차적인 증언은 하느님께서 당신 섭리의 계획을 인간 안에서 성취하기 위해 인간의 역사 속에 개입하셨다는 것입니다. 그래서 우리는 하느님께서 계시하신 신비의 본질뿐만 아니라 그 신비가 인간과 어떤 관계에 있는지 살펴보아야 합니다. '성경'은 모든 참된 영성의 근본적인 규범이자 표준이 됩니다.

교회의 성스러운 전통인 '전승' 역시 참된 영성의 근본적인 규범이 됩니다. 성전은 성경과 밀접한 관계에 있습니다. 교회는 성전을 사도들로부터 받은 전통이라고 가르칩니다. "사도들에게서 이어 오는 이 성전聖傳은 성령의 도우심으로 교회 안에서 발전한다."(《계시 헌장》 8항) 계시 진리에 대한 구전口傳, 즉 입에서 입으로 전해 오는 전통은 기록보다 앞섭니다. 그 전통이 기록된 것이 성경인 셈입니다. 그러므로 먼저 예수님과 사도들, 그 뒤를 이은 초대 교회 공동체의 삶이 있었고 그 다음 공동체의 필요에 의해 성경이 정착됐으므로, 성전은 성경만큼이나 중요하다고 하겠습니다.

교도권의 가르침

영성 생활을 해석하는 또 다른 중요한 기준으로 교회의 교도권을 들 수 있습니다. 교도권은 교회에 맡겨진 계시 진리가 오류 없이 교회 전체에 전달되고 역사를 통해 잘 이어질 수 있도록 하느님께서 세워 주신 것으로, 중요한 계시 진리를 해석하는 주체입니다. 지역 교회 차원에서 보면 교도권의 중심 주체는 주교님이며, 보편 교회 차원에서 보면 교도권의 중심 주체는 로마 교회의 주교인 교황님입니다. 그러나 어떤 중대 사안에 대해서 주교님은 혼자 독단적으로 처리하지 않습니다. 그 나라 내의 다른 주교님들과 연대하여 함께 일합니다. 예컨대, 한국천주교주교회의가 그렇습니다. 지역 교회의 주교는 언제나 그 나라의 주교단과 일치해 있으며 그 주교단은 교황님과의 일치 하에서 교서를 반포하고 계시 진리에 대한 가르침을 전합니다.

그러므로 교도권의 가르침은 영적 식별에 있어서 중요한 기준이 됩니다. 예컨대 1985년에 일어난 나주 율리아 자매의 사적 계시에 대해 한동안 논란이 많았죠. 나주 성모동산에서 일어났다고 하는 신비 현상에 많은 신자와 사제, 신학생이 현혹되기도 했습니다. 당시 광주대교구에서는 전문적인 식견을 지닌 사제를 임명해 사건의 진상을 조사했으며, 그 사적 계시는 잘못된 것이라며 여러 번 지침을 발표했습니다. 이 같은 일들에 대해 식별하기 어려울 때는 적법한 해석의 주체인 주교님과 주교님으로부터 위임받은 사제의 말씀을 따르면 가장 안전한 길로 나아갈 수 있습니다. 그래서 예로부터 많은 성인은 성덕의 기준 가운데 하나로 교회 장상에 대한 '순명'을 꼽곤 했습니다. 교회 장상에 순명하기만 하면, 오류에 빠질 일이 없기 때문입니다.

전례

또한 우리는 영성 신학과 전례의 관계를 살펴보아야 합니다. 제2차 바티칸 공의회는 《전례 헌장》 2항에서 이렇게 명시하고 있습니다. "전례는 신자들이 그리스도의 신비와 참교회의 진정한 본질을 생활로 표현하고 다른 사람들에게 드러내 보이는 데에 가장 크게 이바지한다." 또한 14항에서는 전례에 한층 더 무게를 실어 다음과 같이 장엄하게 가르치고 있습니다. "전례는 신자들이 거기에서 실제로 그리스도 정신을 길어 올리는 첫째 샘이며 또 반드시 필요한 샘이기 때문이다." 전례, 즉 미사는 그리스도 안에서 우리의 삶이 어떠해야 하는가를 생생하게 나타냅니다.

우리는 미사를 통해 신앙을 표현할 뿐 아니라, 하느님의 은총 가운데 사는 삶도 누리게 됩니다. 그러므로 대부분의 성인들에게서 성체 신심은 공통적으로 드러나는 현상 중에 하나입니다. 또한 신비가들 중에는 성체를 영한 후에 예수님과 깊은 일치를 느끼며 신비 체험에 드는 경우도 적지 않았습니다. 비오 11세 교황은 전례를 "교회의 통상 교도권이 실현되는 중요한 기관"이라고 극찬한 바 있습니다.

다양한 신학 분야

영성 신학은 조직 신학과 윤리 신학의 자료와 결론을 활용합니다. 앞서 언급했듯이 조직 신학은 계시 진리, 믿을 교리에 대한 내용을 다루며, 여기에는 그리스도론, 삼위일체론, 교회론, 은총론, 원죄론 등이 있습니다.

성인들이 경험한 신비 체험 또는 깊은 영적 체험을 가만히 살펴보면, 공통점이 있습니다. 그것은 이전에 없었던 새로운 계시 사실에 대한 체험이 아니라 이미 우리가 익히 알고 고백해 온 예수 그리스도의 강생, 죽음, 부활 사건 그리고 삼위일체 하느님, 교회, 성모님에 대한 체험이라는 점입니다. 교회가 성인품에 올린 분들의 이야기나 영성적인 가르침, 그리고 그분들의 하느님 체험은 아주 충실하게 이 점을 입증하고 있습니다. 뿐만 아니라 교회가 인정한 성모님 발현을 통해 제시된 메시지를 보면 이 범주를 벗어나는 발현 메시지는 단 한 군데도 없습니다. 만일 벗어난다면 그것은 잘못된 메시지일 것입니다. 이처럼 영성 신학은 조직 신학에서 제시한 믿을 교리에 대한 체험을 다룹니다.

또한 영성 신학은 윤리 신학의 자료도 활용합니다. 앞서 언급했듯이, 윤리 신학과 영성 신학은 사촌지간입니다. 사실 정확히 경계를 정하기에는 다소 애매한 영역이 있습니다. 윤리 신학은 영성 신학과 마찬가지로 신앙 안에서 인간이 해야 할 행동에 대해 다루는 학문이기 때문입니다. 그러므로 영성 신학은 윤리 신학을 그 배경에 두고 있다고 봐야 할 것입니다. 그러나 윤리 신학이 자연적인 인간 행동을 비롯해 신앙 안에서 인간이 견지해야 할 일련의 행동에 대해 이야기한다면, 영성 신학은 이를 바탕으로 한층 더 고차원적인 전망, 즉 성성聖性에 이르는 여정에 대해 다룹니다. 그 안에는 당연히 영적인 진보에 따른 윤리적인 행동의 심화도 언급되어야 할 것입니다.

영성사

이밖에도 영성 신학을 풍성하게 하는 중요한 자료 가운데 하나로 영성사를 들 수 있습니다. 사실, 그리스도교의 신앙이 가르치는 내용은 본질적으로 시대를 막론하고 모든 사람에게 동일한 것이기는 하지만, 그것이 누구를 통해서, 어떤 시대적 배경 아래서, 어떤 민족 안에서 구현되는가에 따라 색깔이 달라질 수밖에 없습니다. 왜냐하면 은총은 한 개인뿐 아니라 민족, 그리고 그 시대의 본성적인 틀과 기질을 존중하는 가운데 육화하고 구원으로 이끌기 때문입니다. 따라서 개인의 특성과 민족적 기질, 특정 시대의 요구나 은사가 다양한 종교 체험이 일어나고 많은 영성가, 영성 학파가 생겨나게 하는 원인이 됩니다.

교회의 오랜 역사를 살펴보면 시대마다 중요한 영성가들의 그룹, 즉 영성 학파가 있었습니다. 예컨대, 교부 시대의 대표적인 영성가 그룹인 알렉산드리아 학파를 비롯해, 중세를 풍미한 신비가 그룹인 라인-플라멩코 학파, 중세에서 근대로 넘어가던 시대에 가톨릭교회에 큰 영적 보화를 마련해 준 스페인 영성 학파, 17세기부터 19세기까지 근대에 큰 영적 비전을 제시한 프랑스 영성 학파 등이 그것입니다. 우리는 영성의 역사를 따라가는 가운데 영성 학파들을 통해 가톨릭교회를 떠받친 영성의 대가들을 만나게 됩니다. 그리고 이들의 하느님 체험과 영성적인 가르침을 통해 천상을 향해 나아가는 여정과 영성적인 법칙에 대해 더 깊이 이해할 수 있습니다.

영성 서적

우리는 성인과 신비가의 저술을 비롯해 그들의 자서전, 그들에 대해 쓴 전기 등을 영성 신학의 주요 자료로 삼을 수 있습니다. 이러한 자료는 성인이 어떻게 성성에 도달했으며 어떤 영적 체험을 했는지 잘 보여 주며, 신자들을 위한 보편적인 영적 법칙을 끌어내는 데 도움을 줍니다.

그러나 성인전이라 해서 무조건 다 취할 것이 아니라 역사적으로 신빙성이 있는 것들을 가려서 취해야 합니다. 어떤 성인이 어릴 때부터 특별한 은총을 받았으며 많은 기적과 발현 체험을 했기 때문에 하느님으로부터 선별된 사람이라는 식의 성인전은 현 시대의 사람들에게는 통하지 않습니다. 그런 식으로 신자들을 교육해서도 안 됩니다. 건전한 성인전이란 역사적으로 실재했던 한 사람, 우리와 별반 다를 것 없는 평범한 사람, 죄도 짓고 불완전함도 있지만 그럼에도 불구하고 하느님의 깊은 사랑과 자비를 체험하면서 깊이 회심하고 성성에 나아가 성인이 되었다. 이것이 더 합리적이고 설득력 있습니다. 그래야 우리 또한 그 길을 갈 수 있는 희망이 있습니다. 우리와 너무도 동떨어진 천사처럼 성인을 묘사하고 제시하는 것은 감히 그런 분을 따라갈 수 없게 만들 뿐입니다. 성인전 서술 방식의 문제는 20세기 초반까지도 계속 있어 왔습니다. 그래서 오늘날에는 대부분 엄격한 문헌 고증을 기반으로 성인들의 전기를 쓰고 있습니다.

사적 계시 문제도 마찬가지입니다. 성인전이나 성인이 직접 쓴 자서전 등을 보면 적지 않은 계시 체험을 보게 됩니다. 좀 더 정확한 용어로 표현하자면 이는 '사적 계시'입니다. '공적 계시'는 예수 그리스도의 승천 이후로 공식적으로 종료됩니다. 또한 교회는 예수 그리스도의 생애와 말씀이라는 공적 계시에 더 추가할 것이 없다고 천명합니다. '사적 계시'는 공적 계시를 부연 설명해 줄 뿐입니다.

그런데 사적 계시가 하느님에게서 온 것인지 악마에게서 온 것인지 아니면 심리적 병리 현상에서 온 것인지 보통 사람들은 구별하기 어렵습니다. 그것을 식별하는 것은 교회입니다. 지역 교회의 수장인 주교님이 임명한 담당 사제가 그것을 식별하는 것입니다.

교회가 시성한 성인들의 생애를 보면, 암묵적으로 그들이 체험한 사적 계시가 하느님에게서 왔다는 것을 인정하고 있습니다. 그러나 성인들은 사적 계시, 현시, 탈혼 등 부차적인 신비 현상에 절대 마음을 두지 말라고 신신당부했습니다. 그리고 영성 생활에서는 하느님에 대한 사랑, 이웃에 대한 사랑, 참된 덕, 특히 겸손, 순명, 애덕이 커야 한다고 누누이 강조했습니다.

어떤 신비 체험을 했든 그 체험이 믿음과 순명, 사랑, 겸손에 더 나아가게 하는가를 봐야 합니다. 속된 말로 마약이나 성적인 오르가즘도 일종의 신비 체험이라고 할 수 있습니다. 그런 인위적인 신비 체험과 하느님에게서 오는 천상적이고 거룩한 신비 체험은 삶에서 맺는 결실을 통해 구별할 수 있습니다.

다시 사적 계시 문제로 돌아가서, 저는 여러분께 사적 계시에 함부로 휘둘리지 마시길 당부드립니다. 광주대교구의 나주 율리아를 비롯해 최근에 문제가 된 하느님의 뜻 영성 운동 등은 모두 사적 계시를 절대시해서 문제를 일으킨 경우입니다. 교회는 이미 그런 사안들을 검토해

수차례 금지해 왔습니다.

심리학과 영성

마지막으로 영성 신학은 개인의 체험을 비롯해 심리학의 여러 분야를 경험적인 자료로 활용합니다. 이러한 자료는 영적 지도의 기술과 영을 식별하는 데 중요한 역할을 합니다. 심리학은 영혼의 본질을 비롯해 영혼이 가진 여러 기능과 능력의 특성, 역할, 나아가 정서 생활을 이루는 여러 가지 법칙, 영혼과 육체의 상호 관계 등에 대한 정보를 우리에게 전해 줍니다.

그중 경험 심리학은 정상적 또는 비정상적 상태의 인간 심리 현상 또는 병리학적인 상태에 대한 분석을 토대로 철학적, 신학적 인간에 대한 이해를 보완해 줍니다. 그럼으로써 영성 생활에서 일어날 수 있는 다양한 현상과 문제를 해결하는 데 좋은 도구가 됩니다.

신비 현상에 대한 식별을 예로 들어 보겠습니다. 어떤

사람이 성모님을 봤다느니 예수님을 봤다느니 하면서 그에 대한 식별을 요구해 왔다고 합시다. 여기서 가장 먼저 살펴볼 것은 그 사람의 심리 상태가 정상인가, 과거에 트라우마는 없었는가, 대인 관계는 어떤가 하는 점입니다. 정신병에 걸린 사람들도 환시나 환각 체험을 많이 합니다. 통상 환시 체험 가운데 95% 정도는 심리적인 병으로 인해 일어난다고 합니다.

심리학을 영성 생활에 활용하는 데 있어서도 주의해야 합니다. 심리학은 상당히 다양한 종류로 나뉘는데 그중에는 가톨릭 신앙에 부합하는 것이 있는 반면, 신앙에 완전히 대치되는 분야도 있습니다. 프로이트는 무신론자였습니다. 그런 그가 만든 심리 이론을 아무 숙고 없이 신앙생활, 영성 생활과 결부시키는 것은 어불성설이겠죠.

심리학이 가져다주는 매력은 분명 있습니다. 그것을 잘 활용하면 개인과 공동체의 인격 성숙, 영적 성숙에 긍정적입니다. 그러나 그것을 절대시하다 보면 모든 것을 심리적인 관점에서만 바라보고 사람을 판단하고 재단하는 오류에 빠지게 됩니다. 심리학은 결코 '은총'에 대해 이야기하지 않습니다. 심리학은 하느님과 인간을 이해하는 데 있어서 보조적인 역할을 할 뿐입니다.

여러분도 심리 유형 테스트를 한 번쯤 해 보신 적이 있을 겁니다. 에니어그램은 인간을 아홉 가지 유형, MBTI는 열여섯 가지 유형으로 나눕니다. 그런데 수많은 사람을 어떻게 몇 가지 유형에 맞출 수 있겠습니까? 그밖에도 혈액형으로 심리 유형을 나누거나 사상 의학을 바탕으로 사람의 몸을 여덟 가지 체질로 나누고 심리 성향을 구분하기도 합니다. 그러나 사람의 유형은 수없이 많습니다. 같은 유형의 사람이라도 자라 온 환경, 대인 관계, 교육 정도 등에 따라 성격이 천양지차입니다. 그런 것을 고려하지 않고 심리 분석에 따라 저 사람은 이 유형이다 저 유형이다 하는 행태가 우리 사이에 만연해 있습니다.

사람은 절대 판단하고 재단할 수 있는 존재가 아닙니다. 사람은 신비로운 존재입니다. 사실 자기 자신도 누구인지 잘 모를 때가 많은데, 하물며 심리 분석만으로 감히 사람을 안다고 하는 것은 언어도단이 아닐 수 없습니다.

저는 로마의 그레고리안 대학 영성 신학부에서 영성 공

부를 하면서 상담 심리 과목을 들었던 적이 있습니다. 그 과목의 교수 신부님은 오랫동안 영성 심리를 가르치며 상담을 통해 많은 사람을 도운 분이었습니다. 그런데 그 대가 신부님이 강의 내내 저희에게 자주 강조하신 것이 있습니다. 심리학자들이 인간에 대한 연구를 거듭해 도달할 수 있는 가장 수준 높은 결론은 결국 '은총'이라는 겁니다. 심리학에서는 절대 하느님에 대해 언급하지 않습니다. 하느님과의 관계에 대해서도 언급하지 않습니다. 다시 한번 말씀드리지만 심리학은 영성 신학을 도와주는 보조 학문일 뿐입니다. 절대 주객이 전도돼서는 안 됩니다.

영성적인 현상 중에는 현대 심리학으로 결코 설명될 수 없는 부분이 많습니다. 아기 예수의 데레사 성녀의 경우를 예로 들어 보겠습니다. 성녀는 5남매 중에 막내로 태어나 부모님의 극진한 사랑을 받으며 자랐습니다. 그러나 네 살 무렵에 어머니를 여의고 심리적인 충격을 받아 상당히 내성적인 아이가 되었습니다. 둘째 언니가 어머니를 대신해 10년 간 그를 키웠는데, 그만 둘째 언니가 리지외 가르멜 수도회에 입회하게 되면서, 또 한 번 충격을 받아

도저히 학교생활을 할 수 없었다고 합니다. 뒤이어 큰언니가 엄마 역할을 했지만 역시 몇 년 후 리지외 가르멜 수도회에 입회함으로써 아기 예수의 데레사 성녀는 정서적인 면에서 지속적인 충격을 받아 영민하고 사랑스럽던 성격이 의기소침해지고 우울증까지 앓게 되고 말았습니다. 그런데 열다섯 살 무렵 성탄절에 그는 집에 있는 성모상이 자신을 향해 미소를 건네는 체험을 하게 됩니다. 그로써 모든 인간적인 충격에서 헤어나 인간적으로 성숙했을 뿐만 아니라 영성적으로도 굳건해져 큰 걸음을 걷기 시작했다고 합니다. 이 체험은 심리학으로 도저히 설명될 수 없는 치유 현상입니다. 그것은 오직 하느님께서 선사하시는 은총을 통해서만 설명될 수 있습니다.

우리는 신앙생활 이면에 이기심과 탐욕을 투사하거나 전이하기도 하고, 사람들을 시기, 질투하기도 합니다. 고행을 한다고 하면서 자기만족에 빠지는 경우도 있고, 본당 생활을 열심히 한다고 하면서 실은 어려운 부부 관계, 가정생활로부터 도피하기도 합니다. 애덕을 실천한다고 하지만 은연중에 보상을 받고 싶은 심리가 숨어 있기도 합니다.

    심리학은 이런 왜곡된 태도를 바로잡아 건강한 영성 생활을 하도록 도와줍니다. 그러므로 심리학을 활용하되 맹신하지 말아야 하며 적절하게 취사선택해서 영성 생활의 윤활유로 삼는 중용의 자세가 필요합니다.

"나의 누이 나의 신부여,

그대는 내 마음을 사로잡았소.

한 번의 눈짓으로,

그대 목걸이 한 줄로 내 마음을 사로잡았소.

나의 누이 나의 신부여,

그대의 사랑이 얼마나 아름다운지!

그대의 사랑은 포도주보다 얼마나 더 달콤하고

그대의 향수 내음은 그 모든 향료보다

얼마나 더 향기로운지!

나의 신부여, 그대의 입술은 생청을 흘리고

그대의 혀 밑에는 꿀과 젖이 있다오.

그대 옷의 향기는 레바논의 향기 같구려."(아가 4,9-11)

2. 다양한 영성 학파

 이제 영성 학파에 대해 살펴보기로 하겠습니다. '학파學派' 하면 좀 거창해 보이지만, 쉽게 '그룹'이라고 이해하셔도 무방합니다. 앞서 영성은 하느님의 사랑에 대한 우리 각자의 독특한 사랑의 표현, 사랑의 색깔이라고 말씀드렸습니다. 이 개념을 확대해서 본다면, 하느님에 대한 사랑의 색깔이 비슷한 사람들의 모임이 있음을 추론할 수 있습니다. 이 그룹을 '영성 학파'라고 합니다.

 성령께서는 여러 가지 방법으로 다양한 길을 통해 우리를 완덕으로 인도하십니다. 그러므로 각 사람마다 하느님을 체험하고 성성에 나아가는 길은 다를 수밖에 없습니다. 하지만 모두 하느님을 향해 길을 가다 보니, 다른 사람보다 조금 더 나와 비슷한 색깔의 영성을 지닌 사람들을 간혹 만나게 됩니다. 그런 사람들이 어떤 계기를 통해 자연스럽게 모이면, 비슷한 계통의 색깔을 가진 사람들끼리 공동체나 그룹을 형성하게 되는 것입니다.

저는 전통적인 수도 생활을 하며 특별히 기도하고 노동하며 공부하는 가운데 덕을 닦는 생활을 하고 싶었습니다. 그래서 우여곡절 끝에 입회한 가르멜 수도회의 수도복은 '갈색'이었습니다. 수도 공동체에 속해 여러 수사님과 함께 오랫동안 지내면서 느낀 것은, 수사님들이 지향하는 영성의 색깔이 저와 상당히 비슷하다는 점이었습니다. 기도와 노동을 좋아하고, 가르멜 성모님에 대한 신심이 깊으며, 데레사 성녀를 비롯해 십자가의 요한 성인, 아기 예수의 데레사 성녀, 십자가의 데레사 베네딕타 성녀의 영성을 사랑하는 사람들이 모인 공동체가 가르멜 수도회였습니다.

물론 그 공동체 안을 들여다보면, 각자의 모습이 다 다릅니다. 그래서 조금씩은 다른 색깔이 혼합된 다양한 계열의 갈색을 함께 사는 수사님들에게서 보게 됩니다. 부부도 오래 살다 보면 서로 닮는다고 하죠? 삶의 가치, 영적인 색깔이 비슷하면 다른 사람들에게 주는 이미지나 느낌도 비슷해지나 봅니다.

수도 사제로 살아오면서 강의나 피정 지도를 위해 다양한 수도원과 수녀원을 방문할 기회가 있었습니다. 예컨대 인천의 계양산 기슭에는 한국 남자 가르멜의 시발점이 되는 모원母院 격의 인천 가르멜 수도원이 있습니다. 그리고 저희 수도원 바로 옆에 노트르담 수녀회의 관구 본부와 전교 가르멜 수녀회 소속 수련 수녀원이 있습니다.

예전에 인천 가르멜 수도원에 살면서 두 수녀원에 교대로 미사를 집전하러 가거나 고해성사를 주러 갈 때면, 각각의 수녀원에서 느껴지는 독특함이 있었습니다. 말로 표현하긴 어렵지만, 각각의 수녀원에서 풍기는 일종의 가풍家風이라 해 두면 좋겠습니다. 그것은 다른 수도회, 수녀회와 분명 구별되는 어떤 고유한 영성적 특징, 분위기라고 할 수 있습니다. 수도회에서 전체적으로 드러나는 느낌뿐만 아니라 수도회를 구성하는 각각의 회원에게서 드러나는 느낌이기도 합니다. 그래서 같은 수도회 또는 수녀회에 속한 수사님들, 수녀님들은 서로 닮았다는 느낌을 주는가 봅니다.

예컨대, 한국에 봉쇄 가르멜 수녀원이 아홉 곳 있는데, 그곳의 수녀님들을 뵐 때면, 서로 너무 닮아서 누가 누군지 헷갈릴 때가 종종 있습니다. 수녀님들의 얼굴은 둥글고 볼은 약간 불그스름한데다 짙은 갈색 수도복을 입고 머리 수건을 썼습니다. 그리고 목 주위와 귀, 얼굴의 가장자리는 온통 하얀 천으로 가려져 있어, 자세히 보지 않는 이상 그분이 그분 같아 보여서 한동안 헷갈렸습니다. 강의를 하면서 왕래가 잦았던 몇 년 전부터 마침내 수녀님들을 구분하기 시작했고 수도명도 귀에 익어 갔습니다. 그래도 가르멜 수녀님들 모임에만 가면 여전히 그분이 그분 같아 보이는 것은 어쩔 수가 없습니다.

이처럼 비슷한 영성의 색깔을 지닌 사람들끼리 어울리면서 무리가 생겨나게 되었고, 그 그룹에서 교회에 상당한 영향을 미치는 성인, 성녀를 비롯해 탁월한 영성가들이 나오면서 이 그룹을 영성가들의 그룹, 즉 영성 학파로 부르게 된 것입니다.

가톨릭교회 역사상 수많은 영성 학파가 있어 왔으며, '라인-플라멩코 학파, 스페인 영성 학파, 이탈리아 영성 학파, 프랑스 영성 학파'와 같은 다양한 이름으로 불렸습니다. 또한 교부 시대에는 오리게네스를 위시한 '알렉산드리아 학파'가 그리스도교 영성의 원류가 되어 후대에 많은 영향을 미쳤기 때문에, 다른 교부 학파들은 거의 언급되지 않는 반면, 알렉산드리아 학파는 영성적인 면에서 늘 회자되어 왔습니다.

또한 역사적으로 보면, 영성은 주로 수도회를 중심으로 발전해 왔습니다. 수도원도 그렇지만, 특히 수녀원이 워낙 많다보니 하느님도 수녀회의 숫자가 어느 정도 되는지 잘 모르신다고 하는 말이 나올 정도입니다. 그동안 수없이 많은 수도회가 탄생하고 사라졌지만, 지금도 여전히 많은 수도회가 교회의 영성과 학문의 못자리 역할을 하고 있습니다. 또한 다양한 사도직을 수행하며 복음의 정신으로 빛과 소금의 역할을 하고 있습니다.

지금까지 명맥을 이어 오면서 많은 수도회에 영감을 불어넣고 영적인 물줄기를 대 주는 수도회를 다섯 가지 영성 그룹으로 분류할 수 있습니다. 다섯 개의 영성적인 산맥이라고도 할 수 있는 베네딕토회, 프란치스코회, 도미니코회, 가르멜회, 예수회를 순서대로 살펴보겠습니다.

베네딕토회

베네딕토회는 가톨릭교회 수도 생활의 원조로 5세기경 베네딕토 성인에 의해 창립된 수도회입니다. 서방 가톨릭교회 수도 생활의 원조가 되는 만큼 이 수도회가 미친 영향은 지대합니다. 11세기 무렵까지 창립된 대부분의 수도회는 베네딕토회의 규칙과 정신을 바탕으로 시작되었습니다. 또한 베네딕토 수도원은 고대부터 중세에 이르는 오랜 역사 속에서 각 지역의 문화와 학문의 요람 역할을 하며 인류와 교회 발전에 큰 영향을 미쳤습니다.

그러나 동시에 많은 희사와 특혜를 받으며 대수도원이 되어 감으로써 개혁을 기치로 내건 클뤼니 수도회, 시토 수도회, 트라피스트 수도회, 올리베따노 수도회, 카르투

시오 수도회 등을 배출하게 됩니다. 이 수도회들은 사막, 광야에 나가서 은수 생활을 하는 수도 생활 형태를 시대마다 발전시켰습니다.

프란치스코회

프란치스코회는 아시시의 프란치스코 성인에 의해 창립된 탁발 수도회입니다. 베네딕토회 계열의 수도회들이 대수도원의 형태를 띠고 많은 재산을 갖게 되면서 영적으로 안일해져 가던 상황에서, 프란치스코회는 절대적인 청빈을 바탕으로 복음의 삶을 수도원에만 두지 않고 설교를 통해 많은 사람에게 전하는 새로운 형태의 수도 생활을 열었습니다.

이 수도회는 작은 형제회, 꼰벤투알 프란치스코회, 카푸친 프란치스코회로 분화되어 창립자의 카리스마를 풍요롭게 구현했습니다. 그리고 프란치스코 성인과 그의 동료인 글라라 성녀의 청빈을 바탕으로 영성적인 이상을 공유하는 많은 수도회를 비롯해 여러 성인, 성녀를 배출함으로써 교회 쇄신에 크게 기여했습니다.

도미니코회

  도미니코회는 프란치스코회와 비슷한 시기에 생겨난 탁발 수도회입니다. 그러나 도미니코회는 프란치스코회에 비해 교리, 학문에 대한 열정이 남다릅니다. 13세기 불란서 남부에서 횡행하던 이단에 맞서 창립됐기에 다른 어떤 수도회보다도 학문으로 무장하고 설교, 강의 등으로 최전선에 서서 교회의 가르침을 수호하고 전파하는 선봉장이 됐습니다.
  그리고 역사적으로 가장 많은 대학자를 배출한 명문가이기도 합니다. 중세의 대 알베르토 성인, 토마스 아퀴나스 성인을 비롯해 현대의 이브 콩가르, 셰뉘, 스킬레벡스 같은 대학자들이 이 수도회 소속입니다. 특히 교회 역사상 최고의 학자로 추앙받는 토마스 성인의 철학과 신학은 역대 교황님들이 사제들과 신학생들에게 공부하도록 권할 정도로 가톨릭교회의 공식적인 철학이자 신학으로 자리매김했으며, 오늘날까지도 가톨릭교회의 수많은 신학자와 영성가에게 지대한 영향을 미치고 있습니다.

가르멜회

본래 가르멜회는 13세기 팔레스타인의 가르멜산에서 시작했으며, 십자군 원정의 실패로 철수하는 과정에서 유럽에 정착하게 됩니다. 당시 가르멜회는 프란치스코회, 도미니코회처럼 탁발 수도회 형태로 변신하며 교회 안에 정착했는데, 16세기에 들어서 스페인의 두 성인, 예수의 데레사 성녀와 십자가의 요한 성인을 통해 개혁됨으로써 이전과는 다른 길을 걷게 됩니다. 여자 가르멜은 예수의 데레사 성녀의 개혁을 통해 더욱 철저한 봉쇄와 은수 형태를 갖추게 되며, 남자 가르멜은 관상과 활동의 균형을 갖추게 되었습니다. 두 성인은 수많은 신비 체험을 했으며 영성 생활에 대한 작품을 통해 영적 여정의 전반을 체계적으로 제시했습니다.

또한 이러한 전통에 힘입어 아기 예수의 데레사 성녀, 십자가의 데레사 베네딕타 성녀, 삼위일체의 엘리사벳 성녀 등 많은 성인을 배출함으로써 교회의 영성 발전에 큰 공헌을 했습니다.

예수회

예수회는 기존 수도회와는 다른 형태의 수도회라고 할 수 있습니다. 기존의 공동체 위주의 수도 생활과는 달리 각 회원의 독자적 활동을 중시하며 사회 안에 깊이 침투해 복음을 전하는 삶의 형태를 영위합니다.

예수회의 영성은 17세기 이후 본격적으로 일어난 다양한 사도직 수도회의 모태가 됩니다. 또한 예수회의 창립자인 이냐시오 성인이 집필한 《영신수련》은 그리스도교적인 기도를 체계적으로 수련하게 하는 탁월한 안내서로서 동시대를 비롯해 후대에도 지대한 영향을 미쳤습니다.

또한 이 수도회의 회원들은 전투적인 선교 활동과 시대를 앞서가는 학문적 노력을 바탕으로 개신교 종교 개혁으로 타격을 받은 가톨릭교회를 빠르게 회복시키는 데 큰 역할을 수행했습니다. 예수회는 16세기 이후로 오늘날까지 세기마다 한 획을 긋는 대학자들을 배출함으로써 교회 학문에 크게 기여하기도 했습니다.

앞서 밝힌 수도회들은 거대한 영성의 산맥을 이루며 다른 수도회에 많은 것을 나눠 주어 왔습니다. 그렇게 자신의 고유한 영성을 중심으로 일종의 가족 수도회를 이뤄 수많은 방계 수도회들이 그룹을 이루고 있습니다.

예를 들어 제가 속한 가르멜회의 경우, 한국에는 남자 가르멜, 여자 가르멜, 전교 가르멜 이렇게 셋뿐이지만, 전 세계적으로 가르멜 영성을 바탕으로 설립된 수도회가 약 70개에 이릅니다. 베네딕토회나 프란치스코회도 마찬가지로 거대한 수도 가족군##을 이루고 있습니다.

이 같은 영성 학파는 창립자나 지도자가 개인인 경우에

국한되지 않고 민족적인 기질과 문화(예컨대, 알렉산드리아 학파, 라인-플라멩코 학파, 스페인 학파, 프랑스 학파 등), 역사상 특정 시기(종교 개혁 이후의 영성, 제2차 바티칸 공의회 영성), 교리상의 근거와 내용(성체 영성, 마리아 영성)에 따라 분류될 수 있습니다.

이처럼 영성 학파는 성령께서 다양한 방법을 통하여 인류 전체를 성화로 이끄신다는 징표이자 교회가 성령의 충동에 따른 개인의 자유를 존중한다는 증거이며, 그리스도의 신비가 교회라는 신비체 안에서 다양한 방식으로 반영되는 가운데 공동체적인 차원에서 구현되고 있음을 의미합니다. 교회 안의 다양한 영성은 우리의 영적 여정을 도와주고 키워 주고 있습니다. 이 영적 유산을 바탕으로 각자의 영성을 발견하고 심화시켜야 하겠습니다.

지은이 윤주현 신부

가르멜 수도회 소속 수도 사제. 1987년에 입회하여 1995년 가톨릭대학교 신학 대학을 졸업한 후 1998년에 사제품을 받았다. 1996년부터 2001년까지 로마 그레고리아눔에서 영성 신학을, 테레시아눔에서 신학적 인간학을 전공하고 석·박사 학위를 취득했다. 그 후 2006년 아빌라 신비 신학 대학원에서 가르멜 영성 마스터 과정을 수료하고 2011년까지 동(同)대학원의 교수로 활동했다. 또한 2017년부터 2019년까지 가르멜 수도회의 제4대 한국 관구장을 역임했다. 2013년부터 대전가톨릭대학교에서 교의 신학 교수로, 2016년부터 수원가톨릭대학교에서 영성 신학 교수로 활동하고 있다. 현재 가르멜 영성 연구소 소장이자 한국 가톨릭 학술상 상임 심사 위원이며 《신학대전》 번역·간행 위원이다. 〈교의신학 교과서〉, 〈수가대 성 토마스 신학총서〉, 〈가톨릭 영성 학교〉, 〈가르멜 총서〉, 〈가르멜의 향기〉 시리즈를 기획·창간했고 58권의 저서와 역서를 출간했으며 다수의 논문을 발표했다. 2018년(번역상)과 2021년(본상)에 한국 가톨릭 학술상을 수상한 바 있다.